Uwe Pfohl

Eisenbahnen in Teltow

Ein Kapitel Berlin-Brandenburgischer Eisenbahngeschichte

Fritz Schulze (†) gewidmet

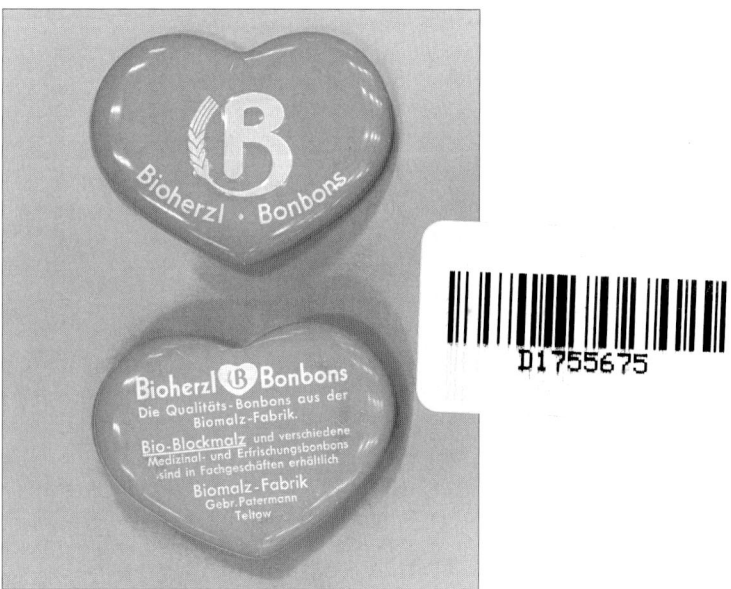

Historische Bonbon-Dose der Biomalz-Fabrik in Teltow aus den dreißiger Jahren des vergangenen Jahrhunderts. Sammlung Ulrich

Gesellschaft für Verkehrspolitik und Eisenbahnwesen (GVE) e.V.

Uwe Pfohl:
Eisenbahnen in Teltow. Ein Kapitel Berlin-Brandenburgischer Eisenbahngeschichte
Verlag: Gesellschaft für Verkehrspolitik und Eisenbahnwesen (GVE) e.V.
Berlin, 2001

Titelbild:
Bevor die Diesellokomotiven der Baureihe 106 die Rangierarbeiten in Teltow und Teltow West übernahmen, waren in den 60er Jahren Dampfloks der Baureihe 64 vom Bw Jüterbog in Teltow West stationiert. Das Bild zeigt die Lok 64 475 in der Oderstraße. Foto: Henze, um 1964
Der Fotograf dieses historisch sehr wertvollen Zeitdokumentes ist leider unbekannt. Vielleicht ist es auch die einzige Aufnahme, die einen Teil des ehemaligen S-Bahnsteiges (rechts oben sichtbar) zeigt. Interessant ist auch der Packwagen württembergischer Bauart.
Foto: Sammlung Ziggel, aufgenommen zwischen 1951 und 1961

2. und 3. Umschlagseite:
Bahnhof Teltow 1921. Zeichnung: Landesarchiv Berlin

Rücktitel:
Im Januar 1990 herrschte noch umfangreicher Verkehr auf den Gleisanschlüssen in Teltow.
Foto: Guther

Herausgeber:
Gesellschaft für Verkehrspolitik und Eisenbahnwesen e.V. (GVE)

Autor:
Uwe Pfohl

Layout:
Frank Böhnke, Karl-Heinz Gräßer

Lektorat:
Christine Gräßer

Verlag und Vertrieb:
Gesellschaft für Verkehrspolitik und Eisenbahnwesen e.V. (GVE)
S-Bahnhof Jannowitzbrücke, 10179 Berlin
Fax: (030) 78 70 55 10, Internet: www.gve-verlag.de

Druck:
Oktoberdruck, 10245 Berlin

ISBN: 3-89218-071-7
© 2002 GVE. Alle Rechte vorbehalten.

Eisenbahnen in Teltow
Ein Kapitel Berlin-Brandenburgischer Eisenbahngeschichte

Vorwort	5
1. Von der Ackerbürgerstadt zum Industriestandort	6
2. Die Berlin-Anhaltische Eisenbahn	8
3 Teltow wird Bahnstation	14
4. Die Gründung der Teltower Industriebahn GmbH	16
4.1 Die Teltower Eisenbahn AG von 1922 bis 1945	21
5. Der Verkehr auf der Anhaltischen Bahn bis 1945	42
5.1 Geplante und ausgeführte Projekte auf der Anhaltischen Bahn im Dritten Reich	46
5.2 Der Zusammenbruch zum Kriegsende 1945	53
6. Der Neuanfang 1945	54
6.1 Abgrenzungsmaßnahmen um West-Berlin	57
6.2 Teltow bekommt seinen S-Bahn-Anschluß	58
6.3 Der Mauerbau 1961	60
7. Die Rolle der Industriebetriebe in Teltow	62
7.1 Neue Aufgaben für die Industriebahn	62
7.2 Neue Planungen der Deutschen Reichsbahn 1981	73
7.3 Lokeinsätze in Teltow	78
8. Der Reise- und Güterverkehr	82
9. Die Wende und der anschließende Rückgang der Transportleistungen	92
9.1 Teilstillegung der Industriebahn	94
10. Neue Hoffnung?	104
11. Nachtrag: S-Bahnhof Teltow Stadt	111
Anhang I: Betriebsbuch-Auszüge der VAT-Lokomotiven	112
Anhang II: Darstellung des durchschnittlichen Wagenaufkommens der Anschließer im Zeitraum 1974 bis 1980 und der Perspektive bis 1990	122
Literaturhinweise	125
Anzeigen	127

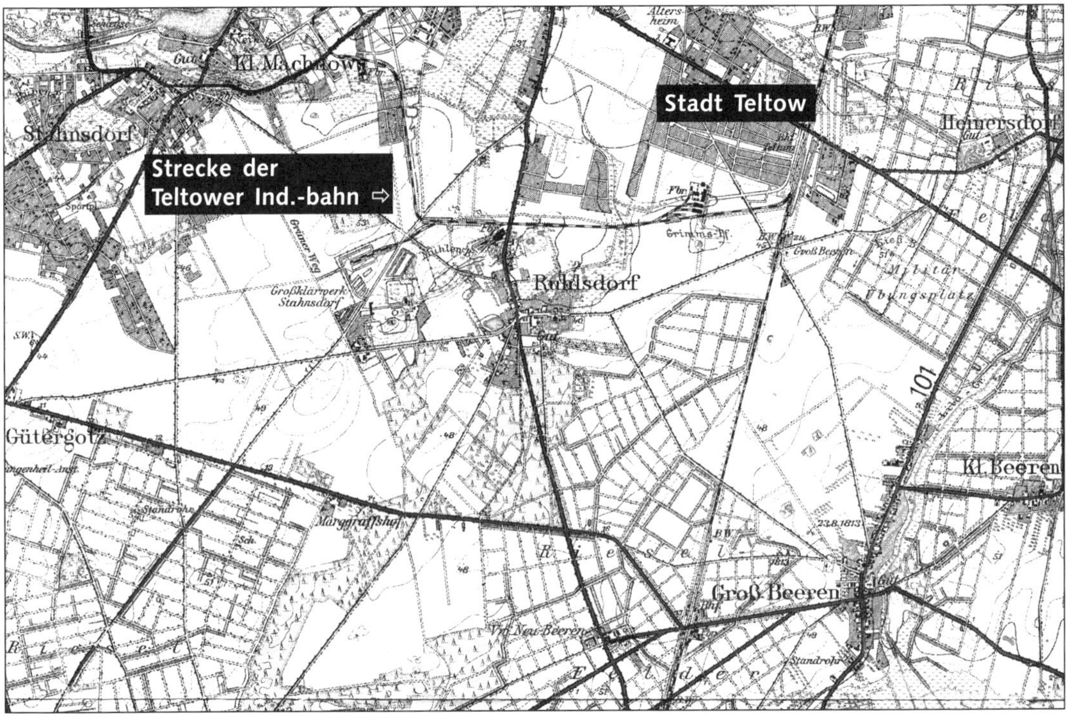

Aus: Reichskarte Berlin und Umgebung, Blatt X Zossen. Sammlung Pfohl

Teltow, im Süden Berlins gelegen, in einer Übersichtskarte der Berliner S-Bahn vom Mai 1961. Deutlich sind die ersten Abgrenzungsmaßnahmen im Verkehrsbereich zu erkennen: die Fernbahnstrecke endet in Teltow (schmale Linie). Wer nach West-Berlin weiterfahren möchte, muß die S-Bahn nutzen (fette Linie). Der Außenring wird mit Dampfzügen bedient. Sammlung Pfohl

Vorwort

2001 jährte sich zum einhundertsechzigsten Male die Aufnahme des durchgehenden Zugbetriebes auf der Berlin-Anhaltischen Eisenbahn von Berlin bis Köthen. Vor 100 Jahren, am 1. Oktober 1901, wurde der kleine, unbedeutende Bahnhof Teltow an eben dieser Bahnlinie eröffnet. Grund genug, etwas in der Vergangenheit des Bahnhofs zu stöbern.

Eisenbahnen in Teltow – man möge meinen, es ließe sich heutzutage nicht allzuviel darüber berichten. Der Schienenverkehr ist bedeutend weniger geworden, die Bahn AG hat sich – wie vielerorts in den neuen Bundesländern – auch in Teltow etwas aus der Fläche zurückgezogen.

Entgegen früheren Planungen wird die Anhalter Bahn erst in den Jahren 2005/2006, nach Fertigstellung des Tiergarten-Tunnels und des neuen Lehrter Bahnhofes in Berlin, in Betrieb gehen können, obwohl schon Ende 1997 der Zugverkehr eingleisig auf einer erneuerten Trasse zwischen Teltow und Ludwigsfelde aufgenommen werden sollte. Kostenintensive Vorleistungen, wie der Bau des neuen Regionabahnhofes in Teltow etwa, müssen ungenutzt bleiben und sind jetzt ein Betätigungsfeld für Randalierer und Schmierfinken.

Auch die elektrische S-Bahn wird in Teltow wieder Halt machen – alte Vorhaben und Pläne aufgreifend – nunmehr im Zentrum der Stadt. Mit dem Bau der Wohnsiedlung „Mühlendorf" wird Teltow einen S-Bahnhof in der Nähe des Ruhlsdorfer Platzes, an der Mahlower Straße erhalten.

Der Verfasser, einige Zeit selbst als Lokführer bei der Deutschen Reichsbahn in Teltow tätig gewesen, hat es sich aus Lokalpatriotismus zur Aufgabe gemacht, die eisenbahnhistorische Entwicklung in Teltow darzustellen. Dem eisenbahninteressierten Leser werden einige Fakten bekannt sein – jedoch wird er auch viel Neues entdecken. Um die Zusammenhänge zu wahren und zu verstehen, mußten bereits aus anderen Publikationen bekannte Fakten nochmals erwähnt werden. Besonders die Suche nach geeignetem Bildmaterial gestaltete sich schwierig, man möge bitte wegen der mit heutigen Aufnahmen nicht zu vergleichenden Bildqualität mancher, zum Teil fünfzig Jahre alten Fotos, ein Einsehen haben.

Besonderer Dank gilt all denen, die mich durch Zurverfügungstellen von Fotos, Dokumenten, anderen Unterlagen sowie Informationen beim Erstellen des Buches tatkräftig unterstützt haben.

Ich danke Herrn Tzschach, Stadtarchiv Teltow; Herrn Schulze (†), Teltow; Herrn Ulrich, Teltow; Herrn Sieber, Heimatverein Stadt Teltow 1990 e.V.; Herrn Schmidt, Mahlow; Herrn Henze, Teltow; Herrn Guther, Teltow; Herrn Jaeckel, Teltow; Herrn Hannemann, Berlin; Herrn Neddermeyer, Berlin; Herrn Lohneisen, Marktleuthen; Frau Gliemann, Teltow; Herrn Ziggel, Teltow; Herrn Fiedel, Klärwerk Stahnsdorf; Herrn Wlodasch, Neuseddin sowie den Damen und Herren des Landesarchivs Berlin.

Das Buch erhebt keinen Anspruch auf Vollständigkeit. Für Hinweise und Ergänzungen ist der Verfasser dankbar.

Potsdam, im Juni 2001   Uwe Pfohl

1. Von der Ackerbürgerstadt zum Industriestandort

Die Stadt Teltow – auf der gleichnamigen, durch die Eiszeit geschaffenen Hochfläche gelegen – wurde erstmalig am 6. April 1265 urkundlich erwähnt, als Markgraf Otto III. ihr einige Rechte verlieh, wie sie schon Berlin, Spandau und Brandenburg besaßen. Dieses Datum wird im allgemeinen als Datum der Stadtgründung angenommen. Die Einwohner Teltows lebten vorrangig von der Landwirtschaft, jedoch entwickelte sich auch bald das Handwerk sehr rasch. Teltow wurde im Jahre 1815 Kreisstadt des Kreises Teltow. Die Kreisverwaltung befand sich von 1819 bis 1870 in der Ritterstraße, bis sie danach nach Berlin in die Viktoriastraße umzog. Überhaupt ging Teltow mit Berlin relativ früh eine engere Beziehung ein. Die Einwohner der beiden Städte trieben Handel miteinander, später zog es dann wohlhabende Bürger Berlins vor die Tore der Stadt – man ließ sich in Seehof nieder. Viele Bewohner Teltows fanden in Berlin Arbeit, standen dort in Lohn und Brot. Man kann hier durchaus Parallelen zur Gegenwart ziehen, denn das Umland lebt mit und von der Großstadt.

Der zunehmende Handel erforderte auch neue Verkehrswege. Infolgedessen erfuhr das Straßennetz ständige Erweiterungen und Verbesserungen.

Aber besonders der Bau des Teltowkanals in den Jahren 1900 bis 1906 – übrigens ein Verdienst des Landrates Ernst von Stubenrauch – brachte nicht nur für die Dampfschiffahrt den erhofften Aufschwung. Der Teltowkanal wurde am 2. Juni 1906 feierlich eröffnet. Der Frachtverkehr entwickelte sich sehr gut. Wurden im ersten Betriebsjahr 1907 407 828 Tonnen befördert, überschritt man im Jahr 1910 die Millionenmarke mit 1 152 268 beförderten Tonnen. Im Ersten Weltkrieg sank kriegsbedingt die Zahl der beförderten Gütermengen, um danach wieder stark anzusteigen. 1925 wurden bereits 1 826 472 Tonnen Güter befördert, 1926 überschritt man mit 2 165 704 Tonnen die Zweimillionenmarke. Während in den ersten Betriebsjahren der Ortsverkehr noch überwog, pendelten sich bis 1929 die Gütermengen im Durchgangsverkehr und im Ortsverkehr ungefähr zur Hälfte ein.

Die aufstrebende Stadt Berlin verlangte geradezu nach Kohle, Ziegelsteinen, und dergleichen mehr, die nun schneller ans Ziel gebracht werden konnten. Ein anderer positiver Nebeneffekt war die anlaufende wirtschaftliche Besiedelung Teltows. Die zunehmende Industrialisierung zog wachsende Bevölkerungszahlen nach sich. Nach und nach wurden damalige Vororte Berlins eingemeindet. Mit der Bildung von Groß-Berlin im

Ansichtskarte von Teltow aus dem Jahre 1898.
Sammlung Pfohl

Teltow
frühere Kreisstadt (1819—1870)

Aufblühende Stadtgemeinde
Verdoppelung der Einwohnerzahl seit 1925 auf über 12 000.

Siedlungs- und Industriegemeinde
Ausgedehnte Siedlungen, darunter Stadtsiedlung und Gartenstadt Seehof. Umschlaghafen am Teltowkanal / Industriebahn / Gleisanschlüsse.

Günstige Verkehrsverhältnisse
Reichsbahnstation, Straßenbahnlinie 96 und Omnibus T, beide mit Anschluß an Stadt- bzw. Wannseebahn. Dampferanlegestellen der Stern und Kreisschiffahrt.

Auskunft:
Stadtverwaltung
Teltow
Fernsprecher: 84 34 51

Aus: Teltower Kreiskalender 1940. Sammlung Pfohl

Jahre 1920 lag Teltow direkt vor den Toren der Stadt. Grundstücks- und Bodengesellschaften schossen wie Pilze aus dem Boden und vermarkteten geschäftig Teltower Flächen. Berliner Firmen, die ihre Produktionskapazität erweitern wollten, errichteten Zweigbetriebe in Teltow.

Berliner, die nicht so vermögend waren um sich eine Villa in Seehof leisten zu können, erwarben von den unbebauten Flächen in und um Teltow ein kleines Stück Land, um darauf eine Laube oder ein kleines Haus zu errichten und fortan die Wochenenden fernab des Großstadtgewimmels zu verbringen.

Die veränderten politischen Verhältnisse seit dem 30. Januar 1933 brachten es mit sich, daß im Laufe der Folgejahre sich noch eine andere Industrie in Teltow seßhaft machte: die Rüstungsindustrie. Als Beispiele seien hierfür die Produktion bei Dralowid für die deutsche Wehrmacht und die Reichsluftwaffe, das Luftnachrichtenzeugamt, das Heeresverpflegungslager und die Firma Dr. Hell genannt. Rüstungsgüter hatten absoluten Vorrang. Dem im Laufe der Jahre immer größer werdenden Arbeitskräftemangel – begründet durch die wachsende Zahl der Einberufungen zum Kriegsdienst – begegnete man mit dem Einsatz von Zwangsarbeitern und Kriegsgefangenen. In diesem Zusammenhang sei auch auf das KZ Großbeeren hingewiesen. Der Zweite Weltkrieg hinterließ auch in Teltow eine Spur der Zerstörung, brachte Not und Leid.

So begannen in der Nachkriegszeit die Teltower Betriebe aus noch vorhandenem Material dringend benötigte Bedarfsgüter herzustellen. Nach Enteignung und Überführung in Volkseigentum bildeten sich bald Industrieschwerpunkte heraus. Das waren zum Beispiel Straßenbaumaschinen (VEB Teltomat), Steuer- und Regeltechnik (VEB Geräte- und Reglerwerke Teltow) und die Elektronik – später Mikroelektronik (VEB Elektronische Bauelemente Carl von Ossietzky Teltow).

Der jüngste Zeitabschnitt, der im November 1989 begann und die Wende mit sich brachte, schrieb auch der Teltower Industrie einschneidende Veränderungen vor. Viele Betriebe wurden „abgewickelt" oder kämpfen heute mit drastisch reduziertem Personalbestand um ihr Überleben. Schwerpunkt ist heute nicht mehr das produzierende Gewerbe, sondern wie fast überall – Verwaltung, Handel und Dienstleistung.

2. Die Berlin-Anhaltische Eisenbahn

Im Dezember 1835 fuhr die erste Eisenbahn in Deutschland von Nürnberg nach Fürth. Das war die erste Etappe auf ihrem triumphalen Siegeszug den die Eisenbahn in den folgenden Jahrzehnten des 19. Jahrhunderts sich im wahrsten Sinne des Wortes „erfuhr". Preußen bekam drei Jahre später seine erste Strecke, am 29. Oktober 1838 wurde die Berlin-Potsdamer Eisenbahn eröffnet. Die Berlin-Anhaltische Eisenbahn, im folgenden BAE genannt, war die nächste Eisenbahnlinie, die in Angriff genommen wurde. Am 15. April 1839 wurde der erste Spatenstich in der Nähe von Berlin getan. Sechs Monate später begannen die Erdarbeiten auf der gesamten Strecke. Am 1. Juli 1840 erreichte der erste fahrplanmäßige Zug Jüterbog, nachdem am 31. August 1840 schon der Streckenabschnitt Cöthen [damalige Schreibweise, Anm. d. Verf.] – Dessau eröffnet worden war.

Verhandlungen bezüglich des Bahnbaus begannen bereits im Jahre 1836. Nachdem die Dampflokomotive sich bewährt hatte, setzte ein regelrechter Boom ein. Der Staat überließ den Bahnbau vorwiegend privaten Gesellschaften, die ihrerseits meist kleine Strecken oder Stichbahnen projektierten. Danach folgte das Erschließen ganzer Landstriche, so von Berlin aus in fast alle Himmelsrichtungen, auch – worauf unser Augenmerk gerichtet ist – nach Südwesten, nach Sachsen-Anhalt. Am 14. April 1836 bat ein Komitee die Regierung um Erlaubnis, eine Gesellschaft für den Bahnbau in Richtung sächsische Grenze zu gründen. Die Strecke sollte zunächst die Potsdamer Bahn mitbenutzen und dann nördlich von Riesa an die Leipzig-Dresdener Bahn stoßen. Der Staat erteilte seine Zustimmung unter der Maßgabe, daß die Leipzig-Dresdener Bahn erst bis an die Elbe herangeführt sein müsse. Daraufhin legte die Berlin-Sächsische Eisenbahngesellschaft im April des Jahres 1837 einen überarbeiteten Plan vor.

Die Strecke sollte von Berlin aus über Trebbin, Luckenwalde, Jüterbog, Herzberg nach Liebenwerda führen, für deren Bau 2,8 Millionen Taler veranschlagt wurden. Es wurden bereits Schienen aus England erworben. Der Plan zerschlug sich jedoch und die Schienen lagerten zwei Jahre in Hamburg, wodurch sie sich sehr verteuerten. Zur selben Zeit kamen Bedenken, daß der Verkehr um Preußen herum geführt werden würde, wodurch Sachsen Vorteile erlangen könnte. Preußen favorisierte eine Strecke nach Halle und bot seinerseits sogar finanzielle Unterstützung an – bis dato ein Novum. Der preußische Staat bot der Eisenbahngesellschaft eine Unterstützung von 800000 bis 1,2 Millionen Taler an. Nachdem letzte Fragen geklärt waren (z.B. Mitbenutzung von Brücken) wurde man sich einig, die Strecke über Luckenwalde zu führen. Die Gesellschaft hieß fortan Berlin-Anhaltische Eisenbahngesellschaft (BAE) und besaß 5 Millionen Taler in Aktien zu je 2500 Taler je Aktie. Folgende Stationen waren zunächst vorgesehen: Trebbin, Luckenwalde, Jüterbog und Wittenberg. Möglichkeiten, den Kesselspeisewasservorrat zu ergänzen, sollten in Großbeeren, Zahna, Coswig und Roßlau bestehen. Die Brücke über den Landwehrkanal in Berlin sollte 12000 Taler kosten, die Empfangsgebäude wollte man für 40000 Taler errichten. Elf Lokomotiven wurden für die Bewältigung des Verkehrs als vorerst ausreichend erachtet.

Diesen Plänen wurde am 24. Oktober 1838 zugestimmt, nun konnte an den Erwerb des Grund und Bodens gegangen werden. Dabei half das Enteignungsgesetz für Eisenbahnbauten aus dem Jahre 1838. Der Bahnhof in Berlin mußte außerhalb der Stadtmauer errichtet, die Stadtmauer durchbrochen und mit einem neuen Tor versehen werden. Außerhalb der Stadtmauer mußte eine neue Straße samt Bepflanzung entstehen (Anhaltstraße). In die Überquerung des Exerzierplatzes am Kreuzberg willigte das Kriegsministerium nur ein, wenn an anderer Stelle ihm wieder 28 Morgen Land zur Verfügung gestellt werden. Die Kolonnenbrücken mußten – so die Forderung des Kriegsministeriums – so breit sein, daß Artillerie- und Infanteriekolonnen sie in voller Breite nutzen konnten.

Der eigentliche Bau der Bahnstrecke begann an mehreren Stellen gleichzeitig im Frühjahr des Jahres 1839. Der Bahndamm war vier Ruthen breit ausgeführt, was einer heutigen Breite von 15 bis 16 Metern entspricht (1 Ruthe = 3,766 Meter). Zunächst wurde nur die Abschnitte Großbeeren –

Ludwigsfelde und Wittenberg – Coswig zweigleisig gebaut. Kreuzungsmöglichkeiten bestanden in Trebbin, Luckenwalde und Jüterbog.

Am 31. August 1840 wurde das erste Teilstück Köthen – Dessau fertiggestellt und sofort in Betrieb genommen. Da die Arbeiten von Berlin bis Jüterbog gut vorankamen, begann man schon Lokomotiven zu beschaffen. Am südlichen Ende der künftigen Bahn liefen die Maschinen „Askania", „Herkules" und „Hirsch" seit Monaten erfolgreich und ohne Störung.

Auch Borsig stellte eine Lokomotive auf die Gleise, die eine Verbesserung des amerikanischen Norristyps darstellte, und sogar 3000 Taler billiger war als die englischen Lokomotiven für 16 000 Taler das Stück. Außer der Borsig-Lok kaufte die BAE noch die Stephensonschen Lokomotiven Nummern 252, 258, 280, 282 und 283 für je 15 000 Taler. Sie erhielten die Namen „Strauß", „Greif", „Atlas", „Komet" und „Vorwärts". Die technische Abnahme dieser Maschinen erfolgte am 4. Juni 1841. Bei den Wagen waren anfänglich noch zwölf offene Sommerwagen vorhanden, die spätestens nach 1850 ausgemustert wurden. Die Wagen der 3. Klasse waren solide gebaut, die der 2. Klasse waren elegant und die Wagen der 1. Klasse waren sogar mit Lehnstühlen bestückt. Der Preis eines 1.-Klasse-Wagens betrug 2000 Taler, der innen mit weißer Seide ausgeschlagene Königswagen kostete 3024 Taler.

Am 26. Mai 1841 wurden die bahnpolizeilichen Vorschriften bestätigt, worauf Probefahrten von Berlin in Richtung Jüterbog stattfanden. In einer elfstündigen Abnahmefahrt wurde dieses Teilstück von Ing. Rosenbaum und Obering Bering technisch abgenommen.

Der erste Bahnhof der BAE in Berlin war geräumiger errichtet worden als vorher geplant. Er besaß getrennte Warteräume für drei Klassen. Besonders gelungen war das Königszimmer mit seinen Goldverzierungen auf mattem Farbgrund. Interessant waren zwei riesige Koksöfen, die sich auf dem Gelände des Bahnhofs befanden. Sie dienten der Erzeugung von Koks für die Befeuerung der Lokomotiven. Großes Aufsehen erregte die Probefahrt mit einer weiteren deutschen Lokomotive bis Großbeeren. Die Maschine wurde in Einzelteilen zum Anhalter Bahnhof gebracht und dort zusammengebaut. Sie erfüllte alle Erwartungen mit ihren 20 PS. Auch auf einer weiteren Fahrt

Titelbild des ersten Fahrplans der Anhalter Eisenbahn vom 1. Juli 1841.
Aus: Teltower Kreiskalender 1934, Sammlung Pfohl

bis Jüterbog am 27. Juni des gleichen Jahres konnte sie ihr Können unter Beweis stellen, und obwohl sie überzeugte, bestellte die BAE die nächsten Maschinen wieder in England.

Der Tag der Eröffnung rückte nun immer näher. Das Generalpostamt gab am 24. Juni bekannt, daß ab dem 1. Juli die Personenpost Berlin – Luckenwalde und die Dresdener Schnellpost ab Berlin bis Jüterbog eingestellt werde.

Nach den gut verlaufenen Probefahrten bat der Staatskommissar um die Genehmigung zur Eröffnung der Teilstrecke Berlin – Jüterbog, wenn auch einige Beamte erst in den nächsten Tagen ihre Uniform erhalten würden und auch noch vereidigt werden müßten. Mitte Oktober waren dann die auf den Stationen im Kreis Teltow tätigen Beamten vereidigt.

Am 1. Juli 1841 wurde die Strecke Berlin – Jüterbog nun offiziell in Betrieb genommen. Die Züge fuhren in Berlin und Jüterbog um 8 Uhr, 14 Uhr und 17 Uhr ab, mit je einem Halt von 15 Minuten in Trebbin bzw. Luckenwalde in der Gegenrichtung. Die Gesamtfahrzeit betrug zwei Stunden. Die Preise betrugen nach Trebbin z. B. in der 1. Klasse 30 Silbergroschen, in der 2. Klasse 20 Silbergroschen, und für eine Fahrt 3. Klasse mußten 12 Silbergroschen berappt werden. Wer zum Beispiel nach Großbeeren oder Ludwigsfelde reisen wollte, konnte für den Fahrpreis 3. Klasse die Güterzüge benutzen, weil auf diesen Bahnhöfen Personenzüge noch nicht hielten.

An dieser Stelle sei auf eine interessante Begebenheit aus der damaligen Zeit hingewiesen: Der geheime Justizrat Schultz aus Genshagen bat die Regierung eine Verbreiterung des Bahndammes zu veranlassen, da „Funkenflug von Lokomotiven" und „Tabakstummel" den Kiefernbestand im Genshagener Forst gefährden. Kleinere Brände veranlaßten ihn zu der Bitte „... die Dampffahrten im Sommer zu verbieten". Seine Beschwerde blieb auch nach den Bränden vom 18. Juli, 17. und 20. September erfolglos. Immerhin erreichte er, daß in die Lokomotiven kupferne Funkenfänger eingebaut wurden.

Auch die Fertigstellung der Strecke Jüterbog – Coswig ließ nicht mehr lange auf sich warten. Dafür wurden noch vier englische Lokomotiven mit den Nummern 290 bis 293 erworben.

Am 10. September 1841 wurde endlich die gesamte Strecke in Betrieb genommen; in Berlin ohne jegliche Festivität, die diesen Fortschritt gewürdigt hätte. Der Fahrplan wurde so abgestimmt, daß in Köthen die Anschlüsse nach Leipzig und Magdeburg erreicht werden konnten. Drei Züge gingen täglich von Berlin aus nach Köthen ab, zwei Züge vormittags und einer nachmittags. So wurden am Eröffnungstag mit den aus 13 bis 15 Wagen bestehenden Zügen 1100 Reisende befördert. Ein Engpaß war der Bahnsteig in Köthen, wo bei gleichzeitiger Abfahrt oder Ankunft nach bzw. aus drei Richtungen oftmals ein heilloses Durcheinander herrschte. Benutzten vom 1. Juli bis 9. September zwischen Berlin und Jüterbog 28 000 Reisende die BAE, waren es vom 10. bis 17. September allein 8800 Fahrgäste. Nach einem Vierteljahr wurde die erste Generalversammlung der Aktionäre einberufen. Sie waren mit dem Bericht mehr als zufrieden. Die BAE verfügte mittlerweile über 15 englische und eine deutsche Lokomotive, 79 Personenwagen, 65 eigene Güterwagen, sowie 55 eigene Güterwagen, die aber auf der Magdeburger Bahn liefen. Vom 10. September bis 15. Oktober 1841 waren 420 000 Personen befördert worden.

Der Güterverkehr konnte erst im Oktober aufgenommen werden, weil das Hüttenwerk Zorge im Harz die Achsen für die Güterwagen verspätet lieferte. Die Transportkapazitäten waren noch so gering, daß man zum Beispiel Truppentransporte von 1000 Mann Stärke, ablehnen mußte. Daher bewilligte die Versammlung 500 000 Taler zur Anschaffung von acht bis zehn Lokomotiven und den zweigleisigen Ausbau von acht Kilometer Strecke.

Auch in der Frühzeit der Eisenbahn gab es „Unregelmäßigkeiten und Vorkommnisse", als Beispiele seien genannt: Am 9. Juni 1845 starben zwei Arbeiter beim Ausbau der Strecke Wittenberg – Zahna, als sie einen Wagen von den Radspeichen aus erkletterten. Ein Selbstmörder kam bei Tempelhof am 19. August 1845 zu Tode. Am 2. Juni 1845 fuhr in Jüterbog eine Lok auf abgestellte Wagen auf, es entstand glücklicherweise nur Sachschaden. Falsche Signale waren die Ursache, als sich am 1. Februar 1847 bei Trebbin zwei Züge auf dem selben Gleis gegenüberstanden. Am 2. Oktober 1842 wurde das Pferd eines Woltersdorfer Besitzers überfahren; dies hatte eine Zugtrennung zur Folge. Ab 1853 gab es von seiten der BAE eine Belohnung für die Ergreifung und Überführung von Tätern, die schwere Gegenstände auf die Gleise legten.

Wie weiter oben schon erwähnt, war der erste Halt für die von Berlin aus abgehenden Personenzüge in Trebbin. In Großbeeren und Ludwigsfelde bestanden nur Frachtgutladestellen und die Mög-

Der Anhalter Bahnhof in Berlin um 1920. Postkarte: Sammlung Pfohl

lichkeit den Wasservorrat der Lokomotiven zu ergänzen. Ab dem Frühjahr 1847 hielten nun auch die Personenzüge in Großbeeren und Ludwigsfelde. Seit 1842 war dieser Abschnitt bereits mit einem zweiten Gleis ausgerüstet. Auf diesen beiden Stationen herrschten einfache Verhältnisse. So gab es keine nach Klassen getrennte Warteräume, wie sie eigentlich zur damaligen Zeit üblich waren. Dazu beschwerte sich Herr von Briesen aus Großbeeren bei der Eisenbahngesellschaft: „In dieser Höhle müssen anständig angezogene Damen und Herren, die ihre Toilette für ihren Berliner Besuch gemacht haben in dem Tabaksqualm der niedrigsten Volksklassen solange ausharren, bis der eintreffende Zug sie erlöst und sie dann, gemein durchgestänkert und wohlpräpariert Gesellschaften der Hauptstadt zu besuchen, einsteigen können ..." Heute wären solche überzogenen Ansichten undenkbar.

Als 1853 der Streckenabschnitt Ludwigsfelde – Trebbin zweigleisig ausgebaut wurde, dauerte es noch acht Jahre, bis die gesamte Strecke durchgehend zweigleisig befahrbar war. Anfang der 60er Jahre des 19. Jahrhunderts verschwanden auch die beiden großen Koksöfen auf dem Anhalter Bahnhof, von diesem Zeitpunkt ab wurden die Lokomotiven auf Steinkohlefeuerung umgestellt.

Durch die ständige Erhöhung der Zugverkehrsleistungen entsprachen die Gebäude und Anlagen des Anhalter Bahnhofs in Berlin nicht mehr den Erfordernissen der Zeit, so daß folgerichtig im Herbst des Jahres 1872 mit der Erweiterung bzw. dem Neubau des Bahnhofs begonnen wurde. Am 15. Juni 1880 wurde schließlich das neue Bahnhofsgebäude, die weithin bekannte Halle des Anhalter Bahnhofs, eingeweiht. Im Zweiten Weltkrieg schwer beschädigt, wurde sie 1963 gesprengt, nur der Portikus blieb stehen. Er erinnert heute noch an die besseren Zeiten, die der Bahnhof einst erlebte: an das geschäftige Treiben ringsum und an die Menschen, die einst in seinem Inneren Abschiedsschmerz oder Wiedersehensfreude fühlten.

Als der preußische Staat im Jahre 1868 begann, einige Bahnen zu übernehmen, strebte er den Auf- und Ausbau eines staatlichen Eisenbahnnetzes an. Auf der Grundlage des preußischen Eisenbahngesetzes vom 13. Mai 1882 wurde die BAE verstaatlicht, und ging am 1. Januar 1886 in den Besitz Preußens über.

Die Teltower Dampfstraßenbahn „Lahme Ente", im Jahre 1888. Repro aus: S-Bahn nach Teltow

Ansicht der Ruhlsdorfer Straße mit Blick auf den Ruhlsdorfer Platz 1912. Foto: Sammlung Pfohl

5. Lichterfelde—Teltow—Machnower Schleuse.

Haltestellen: Bahnhof Lichterfelde - Ost, Lichterfelde (Gasthaus Lücke), Seehof (Waldschlößchen), Teltow (Dahlemer Brücke, Ruhlsdorfer Platz und Porzellanfabrik), Stahnsdorf (Neuer Betriebsbahnhof u. Bahnhof), Machnower Schleuse.

Ab Lichterfelde erster Wagen 6.08 (6.48), letzter 11.28 (11.28),
„ Machnower Schleuse „ „ 6.46 (7.26), „ 12.06 (12.06),
bis Stahnsdorf (Bahnhof) „ „ 6.28 (6.48), „ 12.48 (1.28),
ab Stahnsdorf „ „ 5.21 (6.11), „ 12.11 (12.51),
„ Teltow „ „ 5.26 (6 16), „ 12 16 (12.56).

Ab Lichterfelde bis Machnower Schleuse 6.08, dann 8.48, 10.08, 11.28, 12.08, 1.28, 2.08, 2.48, 3.28, 4.08, 4.48, 5.28, 6.08, 6.48, 7.28, 8.08, 8.48, 10.08, 11.28, bis Stahnsdorf (Bahnhof) 6.28, 6.48, 7.08, 7.28, 7.48, 8.08, 8.28, 9.28, 10.48, 12.28, 12.48, 1.08, 3.48, 4.28, 5.08, 5.48, 6.28, 7.08, 7.48, 8.28, 9.28, 10.48, 12.08 (Sonntags 6.48, 8.08, 8.48 alle 40 Min. bis 1.28, von 1.48 bis 10.08 alle 10 Min., 10.48, 11.28, bis Stahnsdorf (Bahnhof) 7.28, 10.28, 11 08, 11.48, 12.08, 12.28, 12.48, 1.28).

Ab Machnower Schleuse 6.46, 9.26, 10.46, 12.06, 12.46, von 2.06 bis 9.26 alle 40 Min., 10.46, 12.06, ab Bahnhof Stahnsdorf 5.21, 5.51, 6.11, 6.31, 6.51, 7.11, 7.31, 7.51, 8.11, 8.51 usw. alle 40 Min. bis 12.11, (Sonntags 7.26, 8.46, 9.26 usw. alle 40 Min. bis 12 46, 1 26, 2.06, 2.26 usw. alle 20 Min. bis 10.46, 11 26, 12.06, ab Stahnsdorf Bahnhof 6.11, 6.51, 7.31, 8.11, 8.51, 9 31 usw. alle 40 Min. bis 12 46, 1.11, 1.31, 1.51, 2.11 usw. bis 10 51 alle 20 Min., 11.11, 11.31, 11.51, 12 11, 12.51).

Dauer der Fahrt 34 Min.

Fahrpreise: Ganze Fahrt 30 Pf., Teilstrecken 10, 15, 20 u. 25 Pf.

Aus: Scherls Straßenführer durch Berlin, 1912. Repro: S-Bahn nach Teltow

„Die Frau im Dienste der Teltower Kreisstraßenbahn".
Aus: Zeitschrift für Kleinbahnen, 1915. Repro: S-Bahn nach Teltow

3. Teltow wird Bahnstation

Die Züge der Berlin-Anhaltischen Eisenbahn fuhren nach wie vor ohne Halt in gut 2,5 Kilometer Entfernung an Teltow vorbei. Zwar konnten die Teltower Einwohner die am 1. Juli 1888 eröffnete Dampfstraßenbahn Groß Lichterfelde Ost – Seehof – Teltow nutzen, die am 1. Juni 1891 bis nach Stahnsdorf verlängert wurde, jedoch mußte der in südliche Richtung Reisende den Umweg über Groß-Lichterfelde in Kauf nehmen.

Folgerichtig wurde daher am 4. April 1900 zwischen der Stadtgemeinde Teltow und der Königlich-Preußischen Eisenbahnverwaltung (KPEV) ein Vertrag geschlossen, der die Bedingungen für die Anlage eines Bahnhofs bei Teltow an der Anhaltischen Eisenbahn bei Kilometer 14,2 festschrieb. Die Bauarbeiten gingen zügig voran, so daß er am 1. Oktober 1901 eröffnet werden konnte. Dieser Bahnhof befand sich – damals wie heute – südlich der Mahlower Straße. Er besaß für jede Richtung ein Bahnsteiggleis sowie – westlich der beiden durchgehenden Hauptgleise gelegen – ein zusätzliches Umfahrgleis mit sich nördlich daran anschließendem Güterladegleis.

An Hochbauten waren folgende Gebäude vorhanden:
- Dienstgebäude mit Warteraum,
- Abortgebäude,
- Wärterbude (für Schrankenbedienung),
- sowie ein – vermutlich ausrangierter – Wagenkasten.

Die erstellten Hochbauten waren einstöckig und in Fachwerkbauweise ausgeführt, die ausgemauerten Gefache waren unverputzt.

In den folgenden Jahren wurden die Hochbauten noch um einen Güterschuppen, der in gleicher Bauweise entstand, ergänzt. Weiterhin entstand an der Westseite des Bahnhofs der Anschluß an die Teltower Industriebahn GmbH sowie ein kleiner Güterbahnhof mit Kopf- und Seitenrampe. An das Hauptgleis Halle – Berlin wurde ein Überholungsgleis angebunden. Von diesem zweigte südlich ein Anschlußgleis ab, das zur Firma „Bremer und Co. Eisenbeton-Tiefbaugesellschaft m.b.H." führte. Am südlichen Bahnhofskopf, östlich der Gleise, in der Nähe des Stellwerks Ts (Teltow Süd), gab es ein Beamtenwohnhaus mit Stallgebäude.

Bahnhof Teltow, Bahnübergang Mahlower Straße um 1914.
Foto: Archiv Heimatverein Stadt Teltow 1990 e.V.

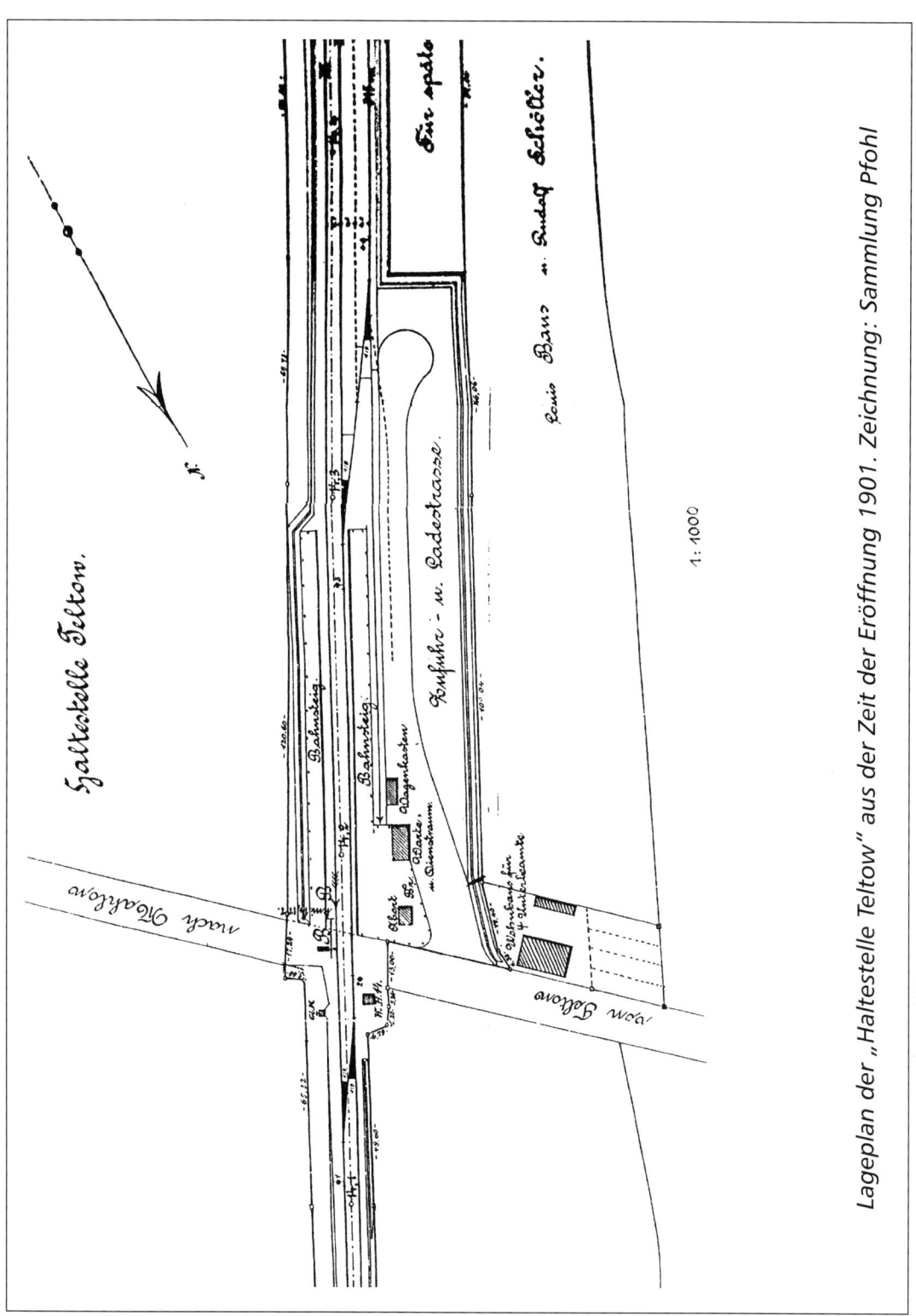

Lageplan der „Haltestelle Teltow" aus der Zeit der Eröffnung 1901. Zeichnung: Sammlung Pfohl

4. Die Gründung der Teltower Industriebahn GmbH

Die eingangs erwähnte Besiedelung und Industrialisierung im Gebiet um Teltow – durch den Bau des Teltowkanals begründet –, nahm Gestalt an. Die Grundstücks- und Bodengesellschaften, wie die „Teltower Boden Aktiengesellschaft", die „Vorortbodengesellschaft" und die „Kanalterrain Aktiengesellschaft", hofften durch die Erschließung des Geländes in Teltow mit einem Eisenbahnanschluß auf eine bessere Vermarktung. Deshalb erfolgte ein Zusammenschluß der drei Bodengesellschaften mit der Allgemeinen Sraßenbaugesellschaft und Kunststeinwerke, vormals Paul Schuffelhauer Aktiengesellschaft, zu einer Betriebs-GmbH, die 1906 gegründet wurde, und unter dem Namen „Teltower Industriebahn GmbH" am 4. Januar 1907 in das Handelsregister eingetragen wurde. Die Teltower Industriebahn GmbH beabsichtigte, ausgehend vom Bahnhof Teltow an der Anhaltischen Bahn eine Strecke zu bauen, die nach Kreuzung des Großbeerener Weges, Ruhlsdorfer Straße und Schenkendorfer Weges und Umfahrung des Teltower Mühlenberges, an Stahnsdorf vorbei in einer Kurve von Westen her die Oderstraße erreicht und bis an den Hafen Teltow am Teltowkanal führt.

Der Regierungspräsident in Potsdam erteilte am 22. August 1907 die Genehmigung für den Bau eines Anschlußgleises, ausgehend vom Bahnhof Teltow. Mit dem Bau wurde noch im selben Jahr begonnen. Er wurde mit einer Unterbrechung im Jahre 1908 fortgeführt. Da das Startkapital in Höhe von 320 000 Mark nicht ausreichte, weil der Geländeerwerb allein schon 365 000 Mark verschlang, mußten durch die Gesellschafter zusätzliche Finanzmittel von 150 077 Mark aufgebracht werden und auch der Kreis Teltow wurde um eine finanzielle Beteiligung gebeten, da zu den veranschlagten 135 000 Mark Baukosten noch die Beschaffungskosten für Lokomotiven und Wagen dazu kamen.

Durch Kreistagsbeschluß vom 19. Juni 1908 kam ein Vertragsabschluß mit der Teltower Industriebahn GmbH zustande. Dieser beinhaltete die Übernahme und Betriebsführung der Bahn durch den Kreis Teltow. Die Abgeordneten bewilligten 50 000 Mark für Materialbeschaffungen. Weiterhin wurde dem Kreis ein Vorkaufsrecht bis 1914 gegen Erstattung der Baukosten eingeräumt. Eventuelle Verluste, die dem Kreis als Betriebsführer dieser Bahn entstünden, sollten durch Zahlungen der Industriebahn GmbH als Eigentümerin ausgeglichen werden. Dieser Vertrag lief bis zum 31. März 1914 und war erstmals zum 31. März 1913 von beiden Seiten kündbar. Bei Stillschweigen verlängerte er sich automatisch um ein Jahr. Durch die Übernahme der Betriebsrechte durch den Kreis Teltow war nun eine neue Genehmigung für den Betrieb der Bahn erforderlich. Nach eingehender Prüfung der Unterlagen durch die Königliche Eisenbahndirektion Halle erteilte der Regierungspräsident in Potsdam am 3. Februar 1909 die Genehmigung für den Bau und Betrieb dieser Bahn für die Dauer von 99 Jahren. Mit dieser Genehmigung wurde die zulässige Höchstgeschwindigkeit mit 20 km/h auf der freien Strecke und 12 km/h innerhalb der Ortschaft festgelegt. Der Bahnbau kam aufgrund der schon 1907 geleisteten Arbeiten gut voran, so daß am 21. Juli 1909 die Teltower Industriebahn eröffnet und an die Kreisverwaltung des Kreises Teltow übergeben werden konnte.

Die Strecke erreichte mit 7,92 Kilometern ihre endgültige Länge. Sie besaß einen Oberbau mit Schienen der Form Preußen 6b. Sie hatten ein Gewicht von 33,4 kg/Meter und waren aus Flußstahl gefertigt. Diese Schienenform wurde erstmalig im Jahre 1886 verwendet. Die Schiene Preußen 6b ist eine Unterform der Schiene Preußen 6. Durch die Kleinbuchstaben wurden die Unterschiede der Anbringung der Laschenlochbohrungen (Höhe der Bohrungen vom Schienenfuß ab gerechnet, Durchmesser und Abstand der Bohrungen zueinander) ersichtlich. Die Gleise waren in Kies gebettet, abgesehen von den Gleisen innerhalb der Straßen und der Firmenanschlüsse, die teilweise im Pflaster lagen. Hier kamen auch Rillenschienen zum Einbau.

Wie verlief die Strecke?

Ausgehend vom Bahnhof Teltow an der Anhaltischen Bahn führt die Industriebahn westlich der Fernbahngleise etwa 500 Meter in Richtung Großbeeren, um nach Kreuzung des Großbeerener Weges 3,1 Kilometer westlich zu verlaufen. Dabei überquert sie noch auf einem Durchlaß den Achtruthengraben und die Ruhlsdorfer Straße. Danach schließt sich eine Steigung an, auf deren oberem Niveau später ein dreigleisiger Bahnhof

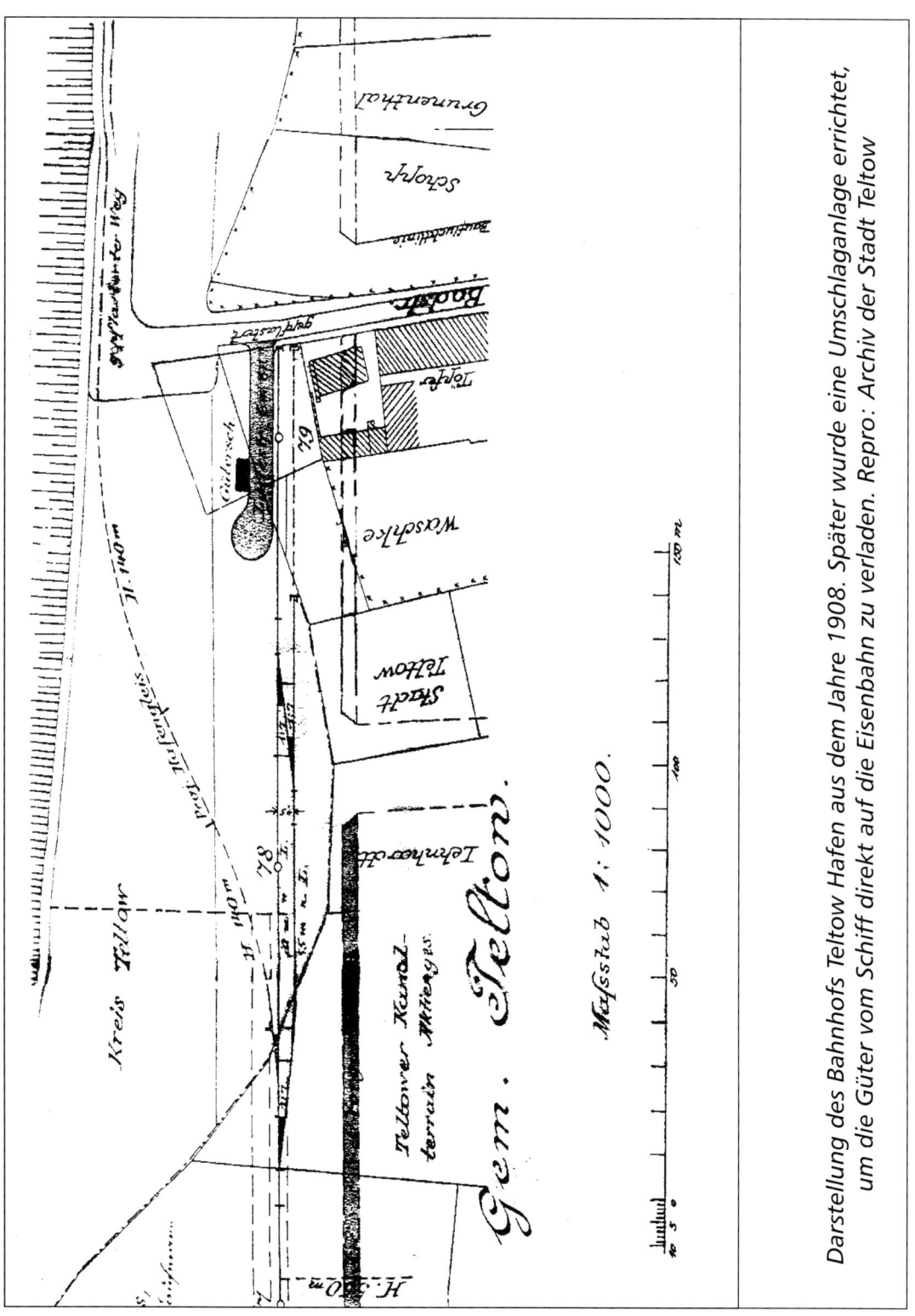

Darstellung des Bahnhofs Teltow Hafen aus dem Jahre 1908. Später wurde eine Umschlaganlage errichtet, um die Güter vom Schiff direkt auf die Eisenbahn zu verladen. Repro: Archiv der Stadt Teltow

entstand, der von den Eisenbahnern nur „Luft oben" genannt wurde. An dieser Stelle, nördlich der Industriebahn, zwischen Ruhlsdorfer Straße und Schenkendorfer Weg, entstand 1937/1938 das Luftnachrichtenzeugamt mit seinen ausgedehnten Lagergebäuden und zahlreichen Anschlußgleisen.

Von hier aus zweigt ein Gleis in südwestlicher Richtung zum Groß-Klärwerk Stahnsdorf ab. Nun führt das Gleis im leichten Gefälle und in einer Kurve den Schenkendorfer Weg kreuzend etwa 1,1 Kilometer nördlich Richtung Teltow, Hamburger Platz. Auch diese lange Gerade besitzt Steigung und Gefälle, nach 500 Metern ist der Scheitelpunkt erreicht. Weiter geht es nach einer Kurve und der Überquerung der Iserstraße in westlicher Richtung an der Biomalzfabrik der Gebrüder Patermann vorbei, um in Kürze die Potsdamer Straße mit den Straßenbahngleisen zu kreuzen. In der Nähe der Biomalzfabrik gab es ein Verbindungsgleis zwischen der Industriebahn und der Straßenbahn, um die Anschließer in Stahnsdorf bedienen zu können. Die Straßenbahn hatte seit 1909 bis in die vierziger Jahre die vertraglich gesicherte Vorfahrt vor der Eisenbahn.

Nun beschreibt die Bahn eine Rechtskurve, um von Westen her kommend die Oderstraße zu erreichen, auf der sie 2,22 Kilometer entlangführt. An der Einmündung der Neißestraße in die Oderstraße zweigt bei der (späteren) Weiche 15 ein Gleis nach Süden zum Betriebsbahnhof und später zur Bitumuls Kaltasphalt AG und der Parfümeriefabrik Gustav Lohse ab. Das geradeaus führende Gleis der Oderstraße erreicht nach etwa 1400 Metern im Hafenbahnhof Teltow den Endpunkt der Strecke. In diesem Hafenbahnhof existierte als einziger Hochbau der Eisenbahn ein Güterschuppen. Dieser war in spartanischer Wellblechausführung erstellt worden. Die Teltower Industriebahn begründete dies am 4. Februar 1909 der Polizeiverwaltung wie folgt: „Wir bemerken hierzu, dass eine Ausführung in Fachwerk oder Massivbau vorläufig nicht angezeigt erscheint, da die Entwicklung und die daraus entstehenden Bedürfnisse des Bahnverkehrs noch nicht abzusehen sind". Die Teltower Stadtverordnetenversammlung beschloß am 23. März 1909 die Genehmigung zum Bau eines Güterschuppens auf dem ehemaligen Armenhausgrundstück der Stadt Teltow unter Vorbehalt eines jederzeitigen entschädigungslosen Widerrufes und gegen eine jährliche Anerkennungsgebühr von einer Mark einstimmig zu erteilen. Waren das Zeiten!

Seit der Betriebseröffnung 1909 verkehrten die Züge auf der Teltower Industriebahn nach Bedarf. Sie durften nicht länger als zwölf Wagen sein. Zum Einsatz kamen die beiden zweiachsigen Lokomotiven und ein Güterwagen der Dampfstraßenbahn, die dort – nach Übergabe des Güterverkehrs an die Industriebahn GmbH – überflüssig waren.

Die Dampfstraßenbahn Groß Lichterfelde – Seehof – Teltow –Stahnsdorf beförderte seit ihrer Eröffnung am 1. Juli 1888 Güter. Besonders beim Bau des Teltowkanals wurden gerade im Teltower Raum ab 1905 zunehmende Gütermengen registriert. In Groß Lichterfelde bestanden nicht nur Anschlüsse zu den Reisezügen von und nach Berlin, sondern es gab auch ein Anschluß- und Übergabegleis von der Dampfstraßenbahn zur Staatsbahn, wo Güterwagen direkt übergehen konnten. Zur Beförderung von Staatsbahn-Güterwagen auf der Dampfstraßenbahn mußte natürlich das Regellichtraumprofil dem der Staatsbahn entsprechen.

Folgende Fahrzeuge wurden von der Dampfstraßenbahn übernommen:

Bauart:	Lok „Osterwieck",Bn2
Baujahr:	1881
Hersteller:	Henschel
Fabrik-Nr.:	1311
Bemerkung:	ex OWE Nr. 1

Bauart:	Lok „Ilse", Bn2
Baujahr:	1881
Hersteller:	Henschel
Fabrik-Nr.:	1312
Bemerkung:	ex OWE Nr. 2

Bauart:	Stückgutwagen, zweiachsig
Baujahr:	1889
Hersteller:	?
Fabrik-Nr.:	?
Bemerkung:	ex Beiwagen Nr. 3 oder 4

Noch im Jahre 1909 wurde ein Gepäckwagen mit Postabteil beschafft und der alte, von der Straßenbahn übernommene, ausgemustert. Für eine der beiden Dampfloks wurde 1911 eine stärkere, fabrikneue Lok von Borsig beschafft. Sie trug später die Betriebsnummer 21. Zwei gedeckte und ein offener Güterwagen ergänzten ab 1912 den Bestand an eigenen Wagen.

Zur Bewältigung der Aufgaben genügten in den ersten Jahren sechs feste Mitarbeiter. Später

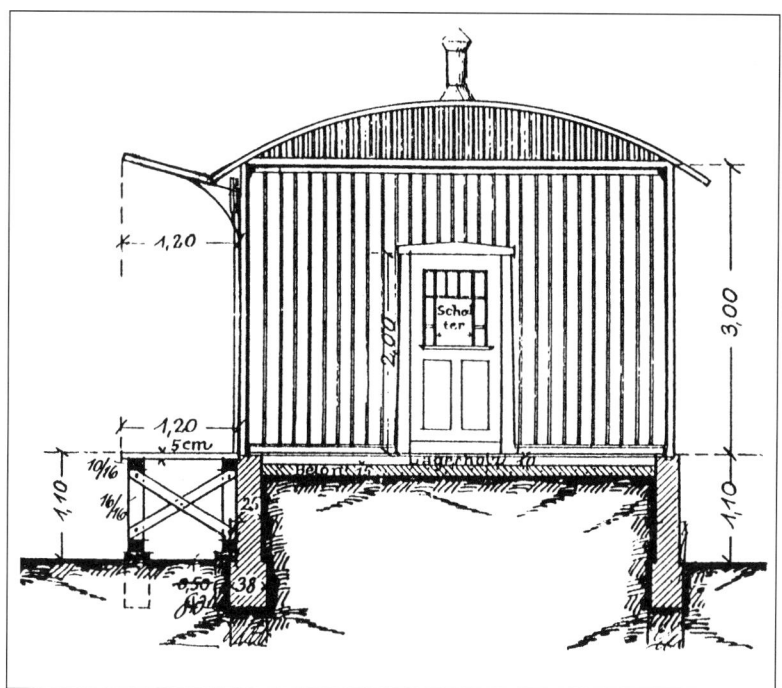

Bauzeichnung im Maßstab 1:1000 für den Wellblechschuppen am Bahnhof Teltow Hafen. Quelle: Archiv der Stadt Teltow

stieg die Zahl der Beschäftigten auf fünf Beamte und vier Arbeiter.

Wirtschaftlich ging es der Teltower Industriebahn GmbH schlecht. Abgesehen von den Jahren 1912 und 1913, in denen schwarze Zahlen geschrieben wurden, wirtschaftete man in den Jahren seit Betriebseröffnung mit Verlust. 1909 zum Beispiel betrug der Verlust 12 000 Mark, im Jahre 1910 war noch ein Minus von 4700 Mark zu verzeichnen. Auch wenn die Transportmenge von 1909 (10 000 Tonnen) auf 36 000 Tonnen im Jahr 1912 stieg, fiel sie im Jahr 1914 auf 26 000 Tonnen. Die wesentlich größere Transportmenge 1912 ergab sich durch die Schaffung von Gleisanschlüssen der Biomalz-Fabrik (Gebrüder Patermann), der Parfümfabrik Gustav Lohse und der Porzellanfabrik Teltow GmbH. Doch schon 1913 wurden wieder Verluste gemacht, ein Trend der sich in den folgenden Jahren fortsetzte.

Auch die Geschäftsberichte der „Teltower Eisenbahn AG", als Nachfolgerin der Industriebahn Teltow GmbH, aus den Jahren 1932 bis 1935 – deren Vorgriff hier schon einmal gestattet sei –, sprechen eine deutliche Sprache (s. u.).

Die geringer werdenden Verluste und die Erhöhung des Wagenladungsverkehrs in den Jahren 1932 bis 1935 waren eine Folge der Belebung der Wirtschaft durch steigende Absätze.

Die Porzellanfabrik Teltow GmbH besaß ein Anschlußgleis, das vom Betriebsbahnhof der

Jahr	1932	1933	1934	1935
Einnahmen	47 716,66 RM	46 553,13 RM	49 577,21 RM	56 853,48 RM
Ausgaben	61 252,68 RM	57 902,98 RM	60 537,38 RM	57 990,30 RM
Verlust	14 536,02 RM	11 349,85 RM	10 960,17 RM	1 136,82 RM

Transportmengen im Jahr	1932	1933	1934	1935
Eilgut/Stückgut	2 339 t	2 224 t	2 115 t	2 417 t
Wagenladungsverkehr	21 882 t	23 101 t	23 480 t	27 949 t

Industriebahn in westlicher Richtung abzweigte und etwa parallel zur Oder- und Potsdamer Straße verlief, um schließlich nördlich vor den Gebäuden der Porzellanfabrik zu enden. Dieses Gleis war zum Betriebsbahnhof hin mit einer Schutzweiche gesichert. Diese Schutzweiche sollte Flankenfahrten durch unbeabsichtigtes Ablaufen von Fahrzeugen zum Betriebsbahnhof verhindern.

Als Nachfolgebetrieb der Porzellanfabrik trat später die Firma Dralowid auf den Plan. Sie produzierte ab 1935 drahtlose Widerstände, Tonabnehmer, Mikrophone, ab 1940 auch Zündhütchen aus Kunstharz sowie Höchstohmwiderstände für die Reichsluftwaffe. Dralowid war ein kriegswichtiger Betrieb.

Auch die Chemische Fabrik der Gebrüder Patermann (Biomalzfabrik) war an einem Gleisanschluß interessiert. Die Erzeugnisse sollten günstiger und schneller an ihr Ziel kommen. Der Anschluß an die Industriebahn erfolgte 1910. Zwischen Kilometer 5,3 und 5,5 wurde eine Umfahrung gebaut. Aus dem Umfahrgleis zweigte ein Stumpfgleis ab. Aufgrund der Lage der Firma zu den Gleisen wurde in das Stumpfgleis eine Drehscheibe mit 7,54 Meter Durchmesser eingebaut. Von dieser Drehscheibe führte ein Gleis auf das Betriebsgelände, direkt am Produktions- und Versandgebäude entlang, weiter zu den Lagern. In diesem Gleis gab es auch eine 30-Tonnen-Gleiswaage. Später wurden die Drehscheibe und die Umfahrung ausgebaut. Die Be- und Entladung erfolgte dann auf dem Stumpfgleis außerhalb des Betriebsgeländes.

Unklar ist, wann die Kunststeinfabrik Paul Schuffelhauer, später Maschinenfabrik Curt von Grueber, Perfectecon Maschinenbaugesellschaft mbH, in den Genuß eines Gleisanschlusses gekommen ist. Jedenfalls war sie einer der Teilhaber bei der Gründung der Teltower Industriebahn GmbH. Genauere Angaben gingen aus den zur Verfügung stehenden Unterlagen nicht hervor. Es kann davon ausgegangen werden, daß spätestens im Jahre 1918 der Anschluß an die Teltower Industriebahn vorhanden gewesen sein muß, da in diesem Jahr ein Erweiterungsbau der Fabrik fertiggestellt wurde und die Firma zur Reparatur von Heeres-Lastwagen verpflichtet wurde.

Die Parfümfabrik Gustav Lohse beantragte 1911 einen Gleisanschluß. Für die Seifenproduktion in diesem Werk gab es am Gleis vor dem Tor der Fabrik zwei unterirdische Tanks, in denen Seifenunterlauge gesammelt wurde. Diese Seifenunterlauge, ein Abfallprodukt, wurde an die Dynamitfabrik Nobel weiterverkauft und in Kesselwagen dorthin transportiert. Zur Herstellung des Gleisanschlusses der Parfümfabrik Lohse mußte auch der Betriebsbahnhof der Industriebahn umgebaut werden. Um den Verkehr im Betriebsbahnhof durch den neuen Anschlußbetrieb nicht zu stören, mußte in den vorhandenen Stumpfgleisen in Richtung Potsdamer Straße eine Umfahrungsmöglichkeit geschaffen werden. Angedacht, später aber nicht realisiert, war, im Anschluß Lohse eine Drehscheibe mit 7,50 Meter Durchmesser einzubauen und ein zweites Stumpfgleis zu errichten, um die Zahl der Rangierbewegungen über die Potsdamer und die Elbestraße auf ein Minimum zu reduzieren.

Zwischen der Großbeerener Chaussee und dem Gleis der Industriebahn wurde 1911 die „Flugübungsfeld Teltow GmbH" gegründet. Ende 1917 ging das Areal in einen anderen Besitz über, aus dem später die „Norddeutschen Flugzeugwerke GmbH Teltow" entstanden. 1918, noch während des Ersten Weltkrieges, erfolgte ein Um- und Ausbau des Werkes. Die vorhandenen Hallen aus Holz wurden abgerissen und in Massivbauweise neu errichtet. 1919 kamen noch zwei Fertigungshallen hinzu. Die Firma reparierte Flugzeuge der Luftwaffe und war auch an der Neuproduktion von Fluggeräten beteiligt. In dieser Zeit wurde auch ein Gleisanschluß geschaffen, der nördlich etwa bei Kilometer 1,9 vom Stammgleis der Industriebahn nach Nordosten abzweigte und verschiedene Hallen und Laderampen miteinander verband.

Von 1934 bis 1938 wurde das Gelände von der „Abbruch-Aktiengesellschaft Teltow" als Lagerplatz genutzt.

Mittlerweile hatten einige Gesellschafter die Industriebahn GmbH verlassen. Der Kreis Teltow verzeichnete sinkende Steuereinnahmen, nachdem er 1921 große Flächen seines Territoriums durch die Gründung von Groß-Berlin verloren hatte. Der Kreis mußte seine Zuschußzahlungen einstellen. Die verbliebenen Gesellschafter waren aber nicht in der Lage, die Verluste selbst auszugleichen.

Man wollte die Betriebsführung der Bahn einer Betriebsgesellschaft übertragen, die durch die zentrale Verwaltung mehrerer Bahnen und den variablen Einsatz von Fahrzeugen in der Lage war, kostengünstiger zu arbeiten, und so ging nach Verhandlungen am 1. April 1922 der Betrieb vom Kreis Teltow an die Allgemeine Deutsche Eisenbahnbetriebsgesellschaft mbH (ADEG) über.

4.1 Die Teltower Eisenbahn AG von 1922 bis 1945

Die neue Rechtsform brachte die Gründung einer neuen Bahngesellschaft, der Teltower Eisenbahn AG, mit sich. Unter diesem Namen wurde sie am 14. März 1923 in das Berliner Handelsregister eingetragen. Neben der Teltower Boden-Aktiengesellschaft und der Teltower Kanal-Terrain-Aktiengesellschaft in Liquidation, gab es einige Firmen, die einen Gleisanschluß bei der Teltower Eisenbahn besaßen und als Aktionäre auftraten. Als Beispiel seien hier die Porzellanfabrik Teltow GmbH, Orenstein & Koppel AG und die Perfectecon Maschinenbaugesellschaft mbH genannt. Die Teltower Industriebahn GmbH wurde im Handelsregister gelöscht. Nachdem diese geschäftlichen Fragen geklärt waren, konnte am 14. Juli 1924 der Regierungspräsident in Potsdam nach Zustimmung der RBD Berlin der Teltower Eisenbahn AG die Betriebsgenehmigung erteilen.

Das Grundkapital der Teltower Eisenbahn betrug 60 000 000 Mark und wurde durch die Goldmarkbilanzen auf 600 000 Reichsmark, eingeteilt in 6 000 Aktien zu je 100 Reichsmark, umgestellt.

Da neue Finanzquellen zur Verfügung standen, war auch an die Errichtung neuer Anlagen zu denken. So wurden auf dem Betriebsbahnhof an der Oderstraße 1922 bis 1924 ein Beamtenwohnhaus, ein Stallgebäude mit Waschküche, Lokschuppen sowie ein Lagerschuppen errichtet. Der Hafenbahnhof wurde mit zwei Portalkränen ausgerüstet. Gerade diese Umschlaganlage führte neben gestiegenen Absätzen der Industrie zur Steigerung der Transportleistungen.

Nordansicht des Bahnhofs Teltow um 1914. Foto: Archiv Heimatverein Stadt Teltow 1990 e.V.

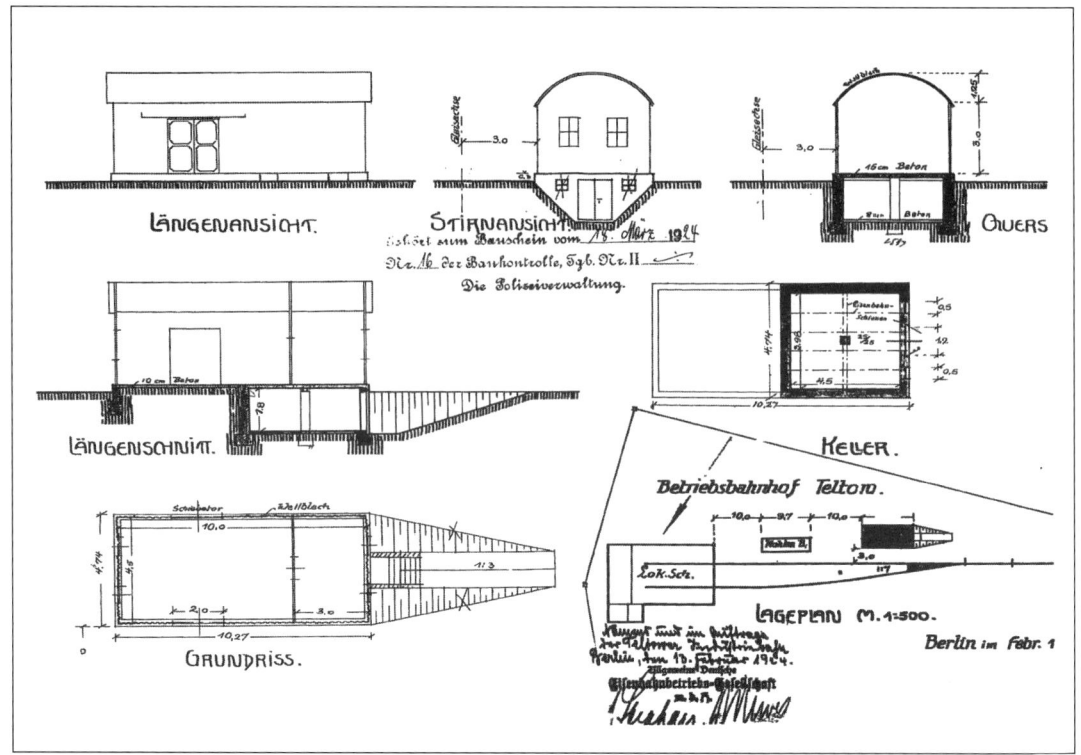

Zeichnung des Lagerschuppens vom Februar 1924, der auf dem Betriebsbahnhof Teltow an der Oderstraße errichtet wurde. Zeichnung: Archiv der Stadt Teltow

Die Firma Orenstein & Koppel richtete auf ihrem – zunächst angepachteten – Grundstück zwischen Teltowkanal, Warthestraße und Oderstraße einen Lagerplatz für Eisenbahnmaterial aus Heeresbeständen ein. Dabei handelte es sich um Feldbahnlokomotiven, Feldbahnloren, Gleise, Weichen, Stellwerksausrüstungen usw. Im Dezember 1919 wurde ein Gleisanschluß an die Industriebahn genehmigt.

Zwei Lokomotivschuppen waren auf dem Gelände vorhanden. Ein Schuppen mit den Maßen 75,12 x 25,12 Meter für die Schmalspurlokomotiven und ein kleinerer Schuppen für Regelspurlokomotiven. Vor dem Schmalspurschuppen existierte eine Schiebebühne mit einem Arbeitsweg von 77,5 Metern. Sie diente zum Verfahren der Lokomotiven. An der Oderstraße Ecke Neißestraße befand sich noch ein Güterschuppen.

Am 19. September 1928 verkaufte die Orenstein & Koppel AG das Grundstück an die Rhenania Ossag Mineralölwerke AG. Diese betrieb auf dem Gelände an der Oderstraße gegenüber dem Betriebshof eine Großtankanlage. Die Anfuhr von Bitumen und Ölen erfolgte per Bahn über den seit 1919 bestehenden Gleisanschluß der Firma. Den innerbetrieblichen Transport bewältigte eine Diesellok, für die der oben erwähnte regelspurige Lokschuppen der Firma Orenstein & Koppel weiter genutzt wurde.

Zeichnung: Archiv der Stadt Teltow

Großer, Ziegelsteine ausladender elektrischer Vollportalkran und Kies löschender Dampfkran am Hafen Teltow des Teltowkanals.

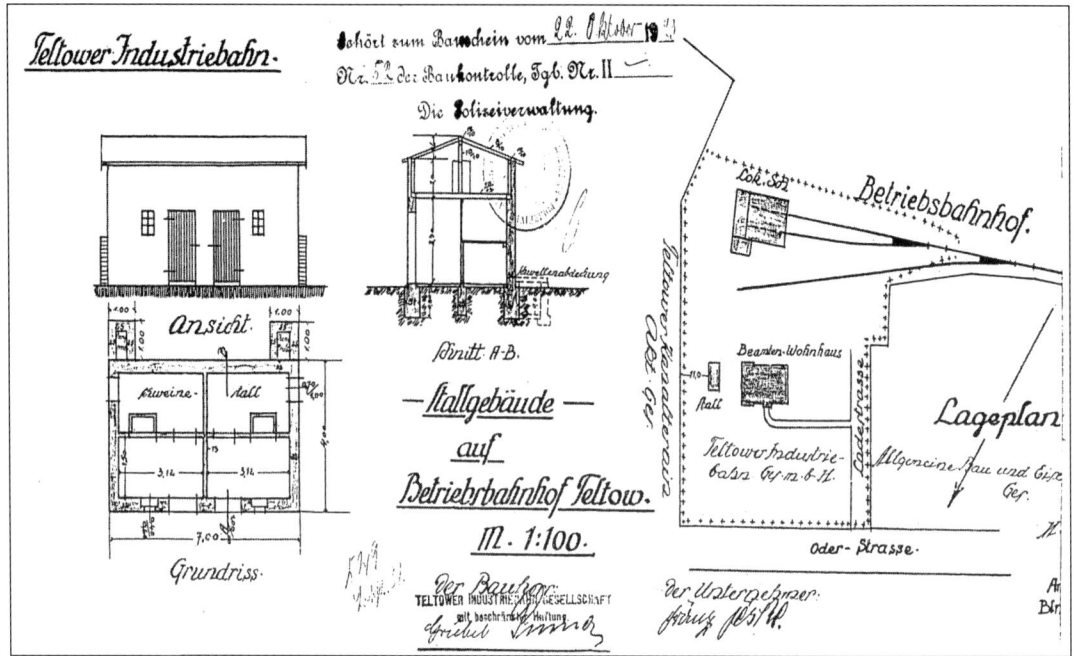

Zeichnung: Archiv der Stadt Teltow

Das Jahr 1928 brachte die Erneuerung der Einfahranlagen in den Reichsbahnhof Teltow. Ebenso wurden im Hafenbahnhof die Gleise an das Hafenbecken herangelegt, was zur Beschleunigung des Umschlagverkehrs beitrug.

Um die zur Übergabe an die Reichsbahn bestimmten Wagen sammeln und um beladene Wagen wiegen zu können, wurde zwischen Kilometer 1,230 und 1,537 des Stammgleises ein Aufstellgleis mit einer Gleiswaage errichtet, das beidseitig an das Hauptgleis angebunden war. In Erwartung eines stärker werdenden Verkehrs verlegte man dieses Aufstellgleis in einem Abstand von 13,5 Metern zum Hauptgleis, um im Falle einer Erweiterung noch ein Gleis dazwischen legen zu können. Zu diesem Zweck baute man in Richtung Teltow West die Weiche 3 ein, die jedoch im Moment noch funktionslos war. Die Gleiswaage war eine Waage ohne Gleisunterbrechung mit einer Wiegefähigkeit von 40 Tonnen. Ihre Brückenlänge betrug acht Meter. Diese Anlagen konnten am 3. Januar 1929 fertiggestellt werden, ihre Abnahme erfolgte am 23. April 1929.

Am 27. Mai 1929 beantragte die NARAG, die National Radiatoren AG, einen Gleisanschluß an die Teltower Eisenbahn in Kilometer 5,607, 5,775 und 6,247 des Stammgleises in der Oderstraße zu errichten. Die Abnahme der Gleisanlagen, zusammen mit einer 40-Tonnen-Gleiswaage, fand am 30. Dezember 1929 statt. Die Genehmigung zur Inbetriebnahme erfolgte am 31. Januar 1930. Die NARAG plante, mehrere Hallen auf ihrem Gelände zu errichten, wovon bis März des gleichen Jahres jedoch nur eine Halle gebaut wurde. Das von dem Anschluß in Kilometer 5,607 abzweigende Gleis führte mit einer Umfahrung direkt an das Ufer des Teltowkanals, die beiden anderen Anschlüsse sollten der Anbindung eines durch die Werkhalle führenden Gleises dienen. Im Januar 1934 wurden einige Gleisumbauten beantragt, die im Juli des gleichen Jahres abgeschlossen waren.

Haupttransportgut dieser Firma waren Radiatoren. Es waren folgende Bedienzeiten durch die Teltower Eisenbahn für diesen Anschluß vereinbart:

Regelverkehr
Stunde 9:   Zustellen von Wagen
Stunde 16: Abholen von Wagen
Umschlagverkehr ab Hafen
Stunde 9:   Zustellen von Wagen
Stunde 10: Zustellen und Abholen von Wagen
Hafenbetrieb
Stunde 14: Zustellen und Abholen von Wagen
Stunde 16: Abholen und Zustellen von Wagen
Stunde 19: Abholen und Zustellen von Wagen

Lok 21 der Teltower Eisenbahn AG rangiert in den 30er Jahren des vergangenen Jahrhunderts auf dem Betriebsbahnhof Teltow (Teltow West). Die Bäume links im Hintergrund stehen an der Oderstraße. Foto: Sammlung Neddermeyer

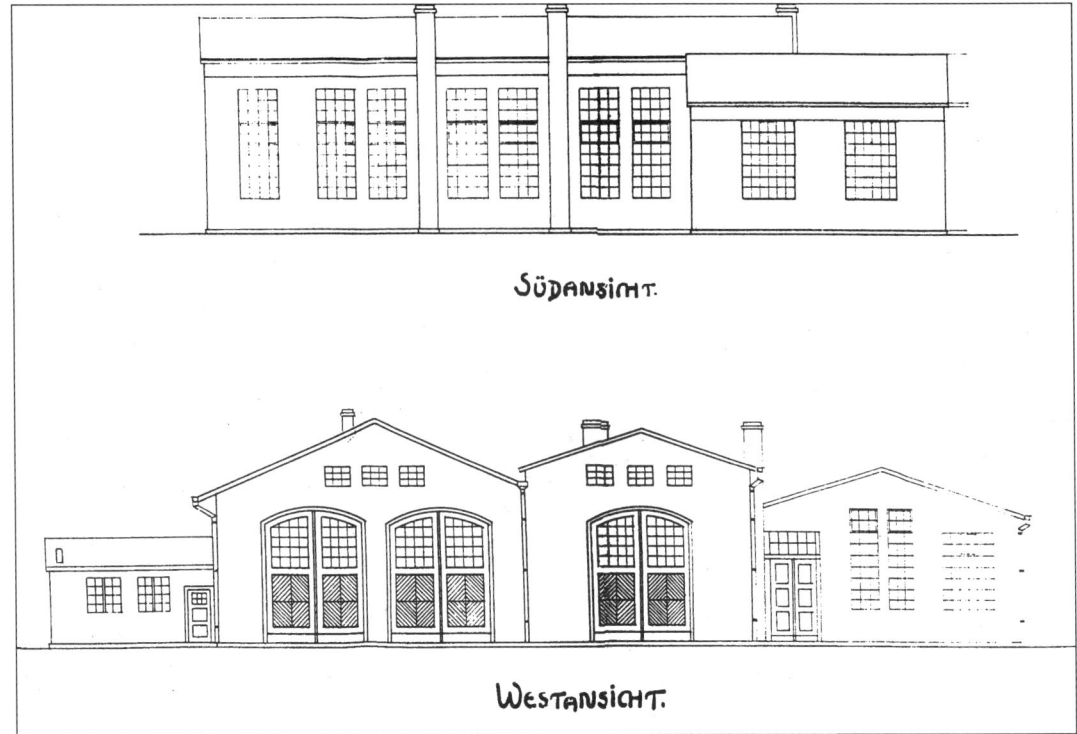

Ansicht des Lokschuppens mit dem Werkstattanbau. Bauzeichnung aus den 20er Jahren des vorigen Jahrhunderts. Zeichnung: Archiv der Stadt Teltow

Aus nicht bekannten Gründen zog sich die NARAG nach 1934 aus Teltow zurück, die einzige errichtete Halle wurde später geteilt und der westliche Teil dieser Halle an die Firma Heinrich List Elektromechanik Teltow, Oderstraße vermietet. Deren Anwesen befand sich später gegenüber auf der anderen, der südlichen Seite, der Oderstraße. Ob die Firma List auch den Gleisanschluß nutzte, ließ sich nicht klären. Immerhin ist der Gleisanschluß der NARAG-Halle im Lageplan des Werkes Heinrich List eingezeichnet.

Vom Betriebsbahnhof der Teltower Eisenbahn aus gab es 1930 einen Gleisanschluß zur Holzhandlung Bodinka, die sich 1928 in der Potsdamer Straße 55 angesiedelt hatte. Wie aus dem Firmennamen hervorgeht, war hier Holz das Transportgut. Weitere Informationen dazu sind leider nicht bekannt.

Auf dem Grundstück Oderstraße 16, östlich vom Betriebsbahnhof der Industriebahn, zwischen Oderstraße im Norden und Potsdamer Straße im Süden gelegen, befand sich das Kaltasphaltwerk der Bitumuls Kaltasphalt AG. Die Genehmigung zum Bau und Betrieb eines Anschlußgleises an die Teltower Eisenbahn AG wurde am 3. Dezember 1926 vom Regierungspräsidenten in Potsdam erteilt. Mit den Arbeiten wurde sofort begonnen, so daß am 8. Februar 1927 die Abnahme der Gleisanlagen in diesem Anschluß erfolgen konnte. Der Gleisanschluß bestand aus zwei Gleisen, die in Höhe des Lokschuppens der Teltower Eisenbahn vom Betriebshof abzweigten. Durch eine Weichenverbindung bestand die Möglichkeit Wagen zu umfahren. Der Ausgangsstoff Bitumen wurde in Blechtrommeln angeliefert. Das Endprodukt wurde nach dem Produktionsprozeß in Fässer oder gleich direkt in Kesselwagen gefüllt. Auch hier steigerte sich das Transportaufkommen. Wurden 1927 7 500 Tonnen zum Versand gebracht, stieg die Menge im Jahre 1928 auf 12 300 Tonnen.

1936 änderten sich die Besitzverhältnisse und die Firma nannte sich nun Vereinigte Asphalt- und Teerprodukten Fabriken GmbH. Ab diesem Zeitpunkt handelte man auch mit Benzin und Schwerbenzol.

Die Weltwirtschaftskrise ging auch an der Teltower Eisenbahn nicht spurlos vorbei. Der Verkehr war so gering, daß im Jahre 1932 täglich zwei

Die Leitenden Kreisbaumeister des Landesverbandes Preußen besichtigen am 27. Oktober 1928 die Bitumuls-Fabrik am Teltowkanal. Foto: Teltower Kreiskalender 1930, Sammlung Pfohl

Zugpaare mit jeweils sechs bis acht Achsen vollkommen ausreichten. Die Einnahmeverluste wurden immer größer. Um eine vollständige Betriebseinstellung zu vermeiden, mußten die Betriebsausgaben auf das Äußerste beschränkt werden.

Da die Züge nur wenige Wagen führten, ersuchte die ADEG am 11. Januar 1932 in einem Schreiben an die Preußische Kleinbahnaufsicht der Reichsbahndirektion Berlin, die Genehmigung zu erhalten, die Lokomotiven ohne Heizer zu besetzen und das Zugpersonal auf zwei Mann zu beschränken. Der Zugführer sollte durch eine formlose Prüfung unter Beweis stellen, daß er in der Lage ist, einen Zug zum Halten zu bringen. Während der Fahrt sollte er sich auf der Lok befinden und den Lokführer beim Beobachten der Strecke unterstützen. Die Mitnahme eines Bremsers war ebenfalls nicht mehr erforderlich, da die Züge mit durchgehender Druckluftbremse gefahren wurden.

Die Preußische Kleinbahnaufsicht teilte am 29. Januar 1932 der ADEG mit, daß sie keine Bedenken hätte, „... für die Dauer des schwachen Verkehrs versuchsweise den Antrag zu genehmigen." Es wurde aber zur Auflage gemacht, daß die Züge nicht stärker als sechzehn Achsen sein durften und bei Schadhaftwerden der Druckluftbremse, der Zugführer eine Handbremse besetzt und der Lokführer den Zug mit 10 km/h, unter besonderer Aufmerksamkeit, allein weiterbeförderte. Am 12. August des gleichen Jahres meldete die ADEG der Kleinbahnaufsicht, daß sich durch die Einsparung der Lokheizer keine Schwierigkeiten beim Befördern der Züge ergeben hätten.

Die Lackfabrik Lüdicke & Co. erwarb vom Kreis Teltow ein Grundstück auf der Nordseite der Oderstraße zwischen der Rhenania-Ossag im Westen und dem Bauhof der Teltow-Werft im Osten. Die Fabrikgebäude wurden zwischen 1937 und 1939 fertiggestellt. Sie bat die Teltower Eisenbahn, ihr die Genehmigung zum Bau einer Überfahrt bei Kilometer 7,1 über das Stammgleis in der Oderstraße zu erteilen, die zunächst für die Bauarbeiten genutzt werden sollte. Die Teltower Eisenbahn forderte im Gegenzug, den Transport der künftig anfallenden Güter durchführen zu können. Die Lackfabrik erklärte sich bereit, maximal 800 Tonnen (etwa 25 Prozent des geschätz-

Aus: Teltower Kreiskalender 1930, Sammlung Pfohl

BITUMULS Kaltasphalt
die **deutsche** Erfindung in der ganzen Welt

Bitumuls-Fabrik in Teltow bei Berlin

DIE TRASS STRASSE — Makadam-Dauerdecken durch Trasskalk-Bindung

BITUMULS KALTASPHALT A.G.
Berlin SW 48, Wilhelmstr. 130
Fabriken in Teltow, Erlangen, Neuß a. Rh.

ten Umsatzes) über den Schienenweg transportieren zu lassen. Das war der Eisenbahn zu wenig, und die Lackfabrik überlegte, ob sie überhaupt durch die Eisenbahn transportieren lassen wolle. Die Unstimmigkeiten wurden ausgeräumt und am 24. Januar 1938 beantragte die Lackfabrik einen Gleisanschluß an die Teltower Eisenbahn bei Kilometer 7,078.

Ursprünglich war angedacht, den Gleisanschluß auf Grund der beengten Platzverhältnisse mit einem Auflaufbogengleis [sogenannte „Deutschlandkurve"; Anm. d. A.] auszurüsten, für die am 15. März 1938 die Genehmigung erteilt wurde. Mit Hilfe dieses Auflaufbogengleises konnten dafür geeignete Wagen extrem enge Gleisradien befahren. Die Spurkränze, die im Innenradius liefen, wurden durch eine Zwangsschiene geführt, die außen laufenden wurden auf den Spurkränzen über eine im Bogen verlegte Stahlplatte geleitet [Anm. d. Verf.]. Die Deutschlandkurve kam jedoch nicht zur Ausführung, statt dessen favorisierte man eine 9-Meter-Drehscheibe mit einer Tragfähigkeit von 60 Tonnen, deren Betriebsgenehmigung am 1. November 1940 erteilt wurde. Dieser Anschluß zweigte nach Osten vom Stammgleis der Industriebahn durch eine Linksweiche ab, und führte zu der Drehscheibe, mit deren Hilfe nun auch die Lagergebäude und Lagertanks erreicht werden konnten.

Öl- und Kunstharzfarben waren die Haupterzeugnisse der Firma Lüdicke & Co. Sie wurde als kriegswichtig eingestuft, produzierte sie auch Spezialanstrichstoffe für die Flugzeugindustrie. Der Bauhof der Teltow-Werft lag östlich neben

⇨ *Abnahmeprotokoll des Anschluß-gleises des Ostsee-Holzindustrie und Bau A.G. vom 30. Juni 1943. Quelle: Archiv der Stadt Teltow*

30.6.43

Betr.: Privatanschlußgleis in km 7,404 der Teltower Eisenbahn für die Ostsee-Holzindustrie und Bau G.m.b.H., Stettin

Zur Abnahme des mit Verfügung des Herrn Regierungspräsidenten in Potsdam vom 23.Mai 1941 I V b. 691 genehmigten Anschlußgleises für die Ostsee-Holzindustrie und Bau G.m.b.H., Werk Teltow, in km 7,404 der Teltower Eisenbahn fanden sich am 30.6.43 ein:

Regierungsbaumeister P i s c h e l für Teltower Eisenbahn, Allgemeine Deutsche Eisenbahn-Betriebs-Gesellschaft und zugleich i.A. des Reichsbevollmächtigten für Bahnaufsicht Berlin,

Techniker W i l k e für Ortspolizei

R ö p k e für Anschlußnehmer

Bahnverwalter G r o l l m i t z für Teltower Eisenbahn

Die Gleisanlagen wurden abgegangen und dabei festgestellt:

In der Anschlußweiche fehlt noch das Schloß. Da zurzeit ein Sicherheitsschloß nur mit langer Lieferfrist zu bekommen ist, wird der Anschlußnehmer eine Kette mit Vorhangschloß anbringen.

Die Gleissperre ist bei der Steigung 1:30 aus dem Anschlußgleis heraus überflüssig.

Die Anschlußweiche ist aus alten Streifen zusammengebaut, die Drehstühle wackeln, die Schienen sind verfahren. Die Weiche muß nochmals genau durchgearbeitet werden.

Die lichte Breite der Einfahrt zur Montagehalle ist auf der Außenbogenseite nur 1,90 m. Der Pfosten ist jetzt weiß gestrichen, der Anschlußnehmer sagt baldigste Erweiterung auf 2,10 m zu.

Das Ende des Gleises in der Lagerhalle muß noch gesichert werden. Die Wand allein ist nicht ausreichend. Es werden sofort Schwellen soweit vom Ende entfernt über dem Gleis befestigt, daß ein Wagen die Wand nicht mehr berühren kann.

Im übrigen genügen die Anlagen den Vorschriften.

⇩ *Zeichnung: Archiv der Stadt Teltow*

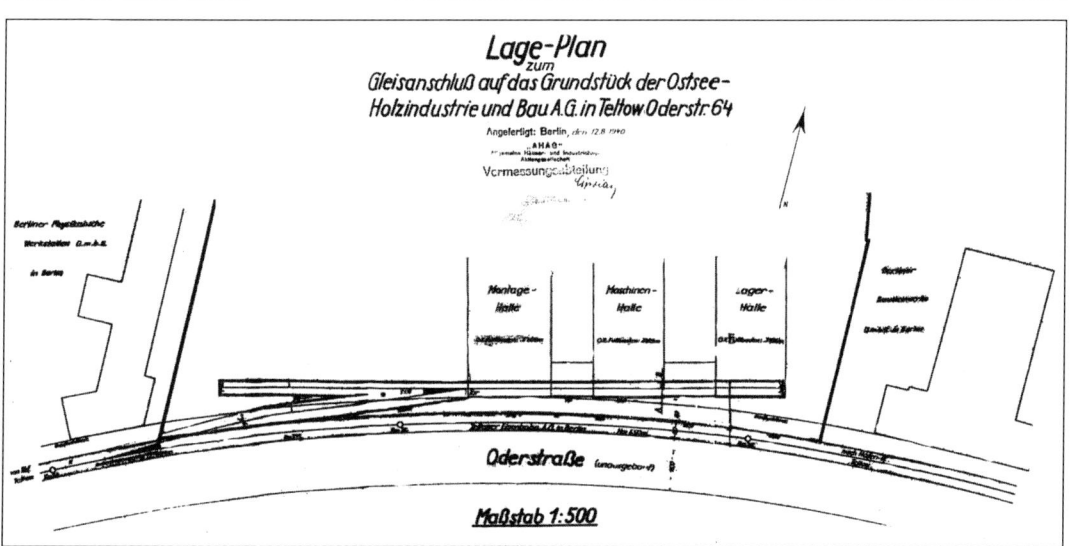

Eisenbahnen in Teltow

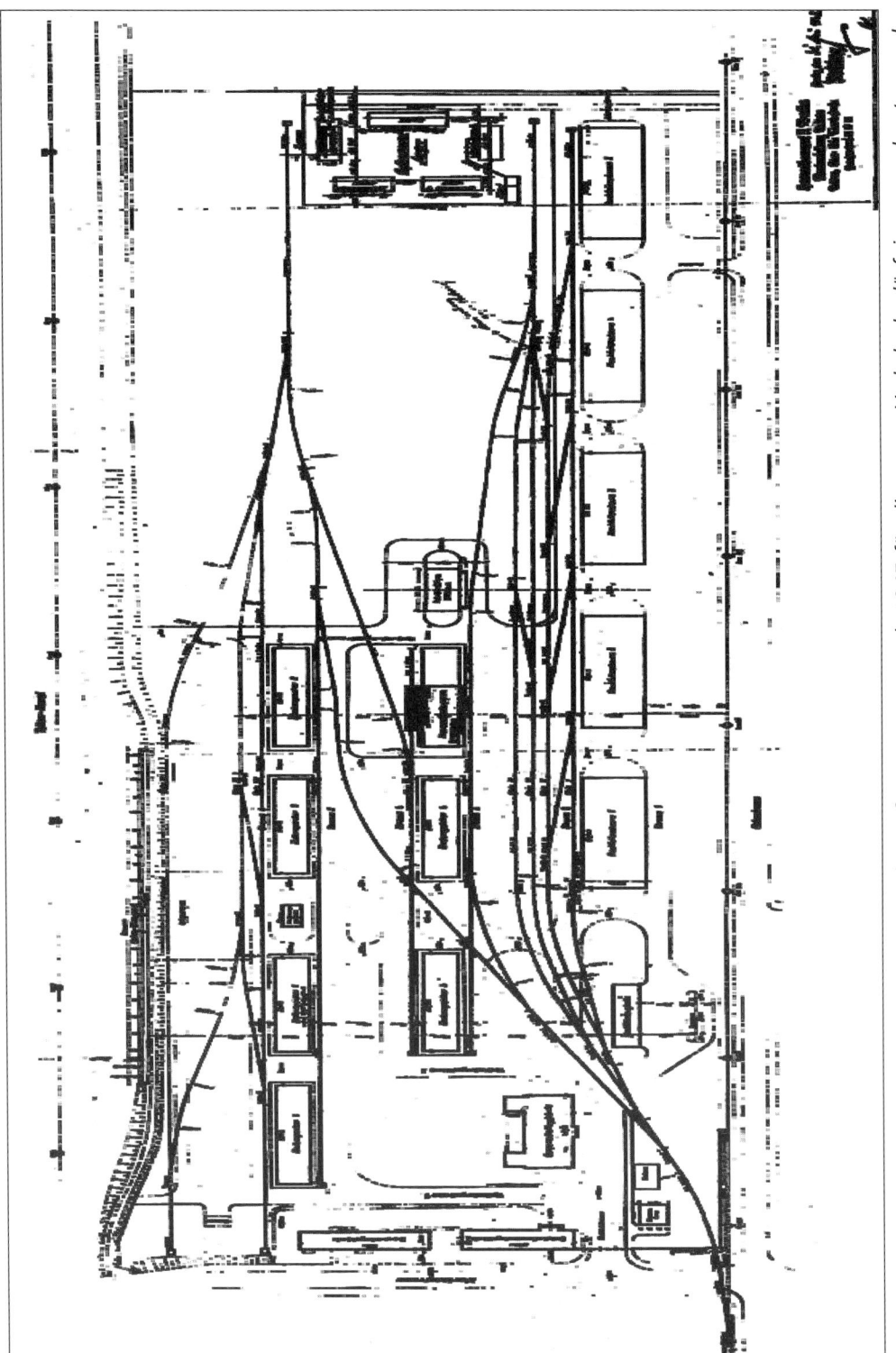

Gleisplan der Heeresverpflegungsanlage an der Oderstraße von 1943. Nach 1945 für die neuen Verkehrsbedürfnisse umgebaut, war das sogenannte Speichergelände nach Aufgabe des Bahnhofs Teltow West das Herzstück für den Rangierbetrieb. Zeichnung: Landesarchiv Berlin

der Lackfabrik, und hatte die Berliner Physikalische Werkstätten als östliche Grundstücksnachbarn. Er wurde als Teilbetrieb des auf der nördlichen Seite des Teltowkanals gelegenen Bauhofes der Teltow-Werft errichtet. Hier wurde mit Baustoffen gehandelt, die sowohl in Schuppen als auch im Freien lagerten. Er besaß einen Gleisanschluß zur Industriebahn, der ebenfalls durch eine einfache Linksweiche vom Stammgleis abzweigte und – einen Linksbogen beschreibend – auf das Gelände führte. Zwei Weichen, eingebaut im Anschlußgleis, schufen zusätzlich eine Umfahrungsmöglichkeit.

Die Ostsee-Holzindustrie und Bau A.G. siedelte sich auf dem im Oktober 1939 erworbenen Grundstück Oderstraße 64 an. Sie lag zwischen den Berliner Physikalischen Werkstätten im Westen und den Berliner Bausteinwerken GmbH im Osten. Auch für diesen Betrieb wurde ein Gleisanschluß beantragt, der vom Regierungspräsidenten in Potsdam am 23. Mai 1941 genehmigt wurde. In Kilometer 7,404 des Stammgleises in der Oderstraße wurde die Anschlußweiche eingebaut. Im Zuge der Einhaltung des Lichtraumprofiles war es erforderlich, die südöstliche Grundstücksecke der Berliner Physikalischen Werkstätten zu nutzen. Dem Ersuchen wurde zugestimmt.

Das Anschlußgleis war durch eine Schutzweiche gegen unbeabsichtigtes Ablaufen von Fahrzeugen in das Stammgleis der Oderstraße gesichert. Die Länge des Anschlußgleises betrug 91 Meter. Es wurde durch zwei Hallen – die Montagehalle und die Maschinenhalle – bis in die Lagerhalle geführt. Aus arbeitstechnischen Gründen mußte sich das Gleis allmählich um 1,23 Meter absenken, so daß die ursprünglich vorgesehene Gleissperre überflüssig war. Am 30. Juni 1943 fand die technische Abnahme des fertiggestellten Gleisanschlusses statt. Dabei wurde bemängelt, daß die Anschlußweiche aus alten Teilen erstellt wurde, ihre Drehstühle wackelten und die Schienen abgefahren waren. Sie mußte nochmals durchgearbeitet werden. In der Lagerhalle wurde die ungenügende Sicherung des Gleisendes auffällig. Die Gebäudewand war [logischerweise!; Anm. d. A.] allein nicht ausreichend. Daraufhin wurden sofort Schwellen auf dem Gleis als Gleisabschluß befestigt.

Werkfoto einer Diesellokomotive des Typs WR 200 B der Firma Schwartzkopff. Eine Lok gleichen Typs war in der Heeresverpflegungsanlage Teltow eingesetzt. Foto: Landesarchiv Berlin

Nun hätten die Räder für den Sieg rollen müssen. Jedoch wenige Monate später, im Oktober 1943, veräußerte die Ostsee-Holzindustrie und Bau-Gesellschaft mbH, wie sie sich jetzt nannte, ihr Grundstück an das Deutsche Reich. Als Nachfolgebetrieb siedelten sich nicht (wie vorgesehen) die Fea-Werke GmbH Schneidemühl an, sondern der Arbeitsgau IX Brandenburg/West des Reichsarbeitsdienstes.

Das Speichergelände, so wie man es noch bis vor zehn Jahren kannte, entstand ab 1938 nach Verhandlungen der Heeresverwaltung mit der Rhenania-Ossag Mineralölwerke AG.

1938/39 entstand das Ersatzverpflegungsmagazin Berlin I, Verpflegungsanlage Teltow. Es wurden fünf Rauhfutterscheunen, vier Bodenspeicher und zwei Zellenspeicher errichtet. In den Speichergebäuden lagerte Wehrmachtsverpflegung sowie Rübenschnitzel und Heu für Pferde.

Diese Verpflegungsanlage wollte man durch die Eisenbahn bedienen, wofür eine zweiseitige Anbindung bei Kilometer 6,327 und 7,130 an das Stammgleis der Teltower Eisenbahn in der Oderstraße vorgesehen war. Die ADEG teilte am 24. August 1939 dem Regierungspräsidenten in Potsdam Details über die Ausführung der Gleisanlagen mit. So sollten die Gleise aus Betonlangschwellen mit Verbindungsstangen bestehen, die Weichen sollten aus neuen Stoffen mit Stahlschwellen gebaut werden.

Am 2. Juli 1940 wurde Mitteilung über eine Änderung der Bauvorhaben gemacht, die Anbindung erfolge nur noch bei Kilometer 6,327 an der Kreuzung Oder-/Warthestraße. Die bislang fertiggestellten Anlagen wurden am 30. Juni 1943 abgenommen, die endgültige Genehmigung zur Inbetriebnahme wurde vom Reichsbevollmächtigten für Bahnaufsicht am 30. September des gleichen Jahres erteilt.

Für die Rangieraufgaben auf dem Gelände wurde 1942 eine Diesellokomotive von der Wehrmacht beschafft, die am 20. Februar 1942 von Deutz mit der Fabriknummer 36668 an das Oberkommando des Heeres, Heeresverpflegungsamt Teltow abgeliefert wurde. Dabei handelte es sich um eine Lokomotive der Bauart WR 200 B (**Wehr-**

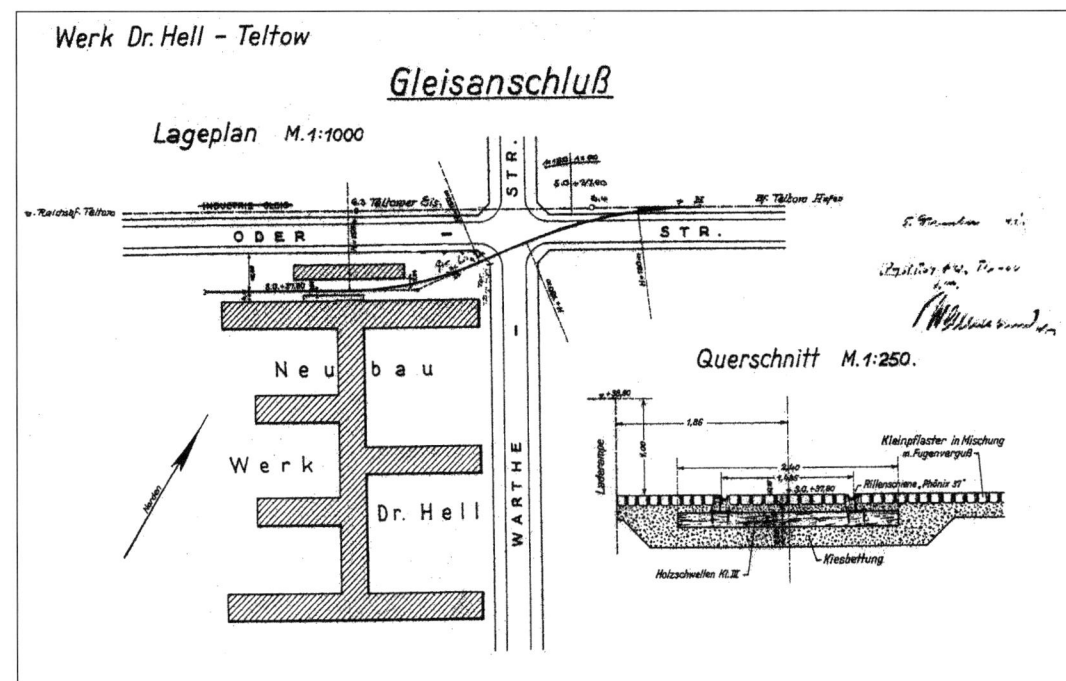

Lageplan des Gleisanschlusses der Farbik Dr. Hell in der Oderstraße 1941. Er bestand in ähnlicher Form, aber mit näher an die Oderstraße herangerücktem Gleis, zum Versandgebäude des VEB Geräte- und Reglerwerke Teltow (GRW) bis vor wenigen Jahren. Zeichnung: Landesarchiv Berlin

macht-Rangierdiesellokomotive mit einer Leistung von **200** PS und zwei (**B**) gekuppelten Achsen). Diese Lokomotivbauart war eine von mehreren Entwicklungen der deutschen Lokomotivbauindustrie, die speziell auf die Anforderungen des Militärs zugeschnitten waren. Sie wurde nach dem Krieg bei der Deutschen Reichsbahn als Baureihe V 20 eingereiht.

Die Diesellok wurde mit dafür ausgebildetem Personal aus der „Gefolgschaft" der Heeresverpflegungsanlage besetzt. Der aus der Orenstein & Koppel-Zeit stammende Lokschuppen wurde im Zuge des Baus der Heeresverpflegungsanlage abgebrochen und durch den Bau eines neuen Schuppens an anderer Stelle ersetzt.

Gegenüber der Heeresverpflegungsanlage, auf der westlichen Seite der Warthestraße, von der Oderstraße und der Potsdamer Straße begrenzt, etablierte sich die Firma Dr. Hell. Die Firma beantragte im September 1941 einen Anschluß an die Teltower Eisenbahn in der Oderstraße, der vom Werkgelände über die Kreuzung Oder-/Warthestraße zum Stammgleis bei Kilometer 6,447 führte. Die Herstellung dieses Anschlußgleises wurde am 17. Dezember 1941 vom Regierungspräsidenten in Potsdam genehmigt. Die Abnahme des Anschlusses fand am 20. August 1942 statt.

Das Werk produzierte bis Kriegsende Fernschreiber, Funk- und Ortungsgeräte und war ein wichtiger Zulieferbetrieb für die Torpedowaffen.

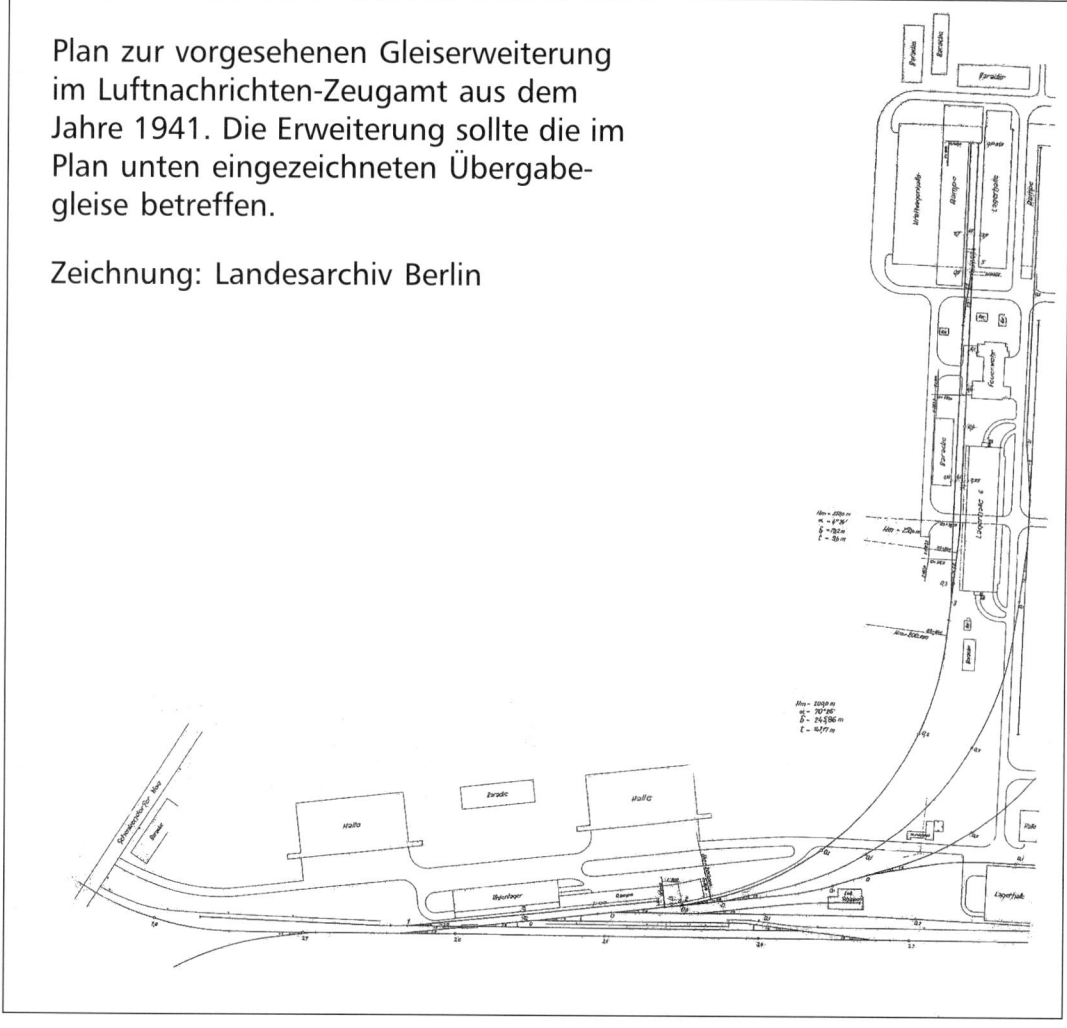

Plan zur vorgesehenen Gleiserweiterung im Luftnachrichten-Zeugamt aus dem Jahre 1941. Die Erweiterung sollte die im Plan unten eingezeichneten Übergabegleise betreffen.

Zeichnung: Landesarchiv Berlin

Anfang 1939 begannen die Bauarbeiten zur Errichtung eines Werkes der Berliner Bausteinwerke GmbH in der Oderstraße. Dieses Werk lag zwischen der Ostsee-Holzindustrie und Bau AG im Westen und dem Hafenbahnhof im Osten. Auch die Berliner Bausteinwerke wollten von einem Gleisanschluß an die Industriebahn profitieren. So beantragten sie am 17. Oktober 1942 einen Gleisanschluß bei Kilometer 7,578. Dabei hätte ein Geländestreifen der Ostsee-Holzindustrie und Bau A.G. mitbenutzt werden müssen. Über die Modalitäten konnte zwischen den Beteiligten keine Einigung erzielt werden, so daß sich die Bausteinwerke entschlossen, diesen Anschluß weiter östlich bei Kilometer 7,702 zu errichten. Der Antrag wurde am 18. Juli 1942 durch den Reichsbevollmächtigten für Bahnaufsicht in Berlin geprüft und am 6. Oktober 1942 durch den Regierungspräsidenten in Potsdam genehmigt.

Der Gleisanschluß bestand aus den beiden Weichen P1 und P2. Die Anschlußweiche P1 war eine Außenbogenweiche in Drehstuhlausführung. Die Weichen entsprachen der Form Preußen 6 d. Kriegsbedingt – und weil eisenbahnbetriebsdienstlich gesehen die Gleise von untergeordneter Bedeutung waren – bestand auch hier die Forderung, Gleise und Weichen aus altbrauchbarem Material herzustellen. Die die Gleise 1 und 2 abschließenden Prellböcke mußten – so die Forderung – „… in eisensparender Bauweise ohne Verwendung von Schienen …" hergestellt werden. Die Ausführung der Prellböcke in Stahlbeton trug dem Punkt 3 der Genehmigung durch den Regierungspräsidenten Rechnung. Auch der Einbau einer Drehscheibe mit 7,5 Metern Durchmesser in Gleis 1 zum Erreichen der in Richtung Teltowkanal gelegenen Gebäude wurde genehmigt. Der Gleisanschluß wurde durch Verschließen der Weichen in Schlüsselabhängigkeit gesichert.

An Gütern wurden Kies, Zement, Hohlblocksteine, Stegdielen sowie Bordsteine, Gehsteigplatten und Schlacke transportiert.

Das Luftnachrichtenzeugamt, zwischen Schenkendorfer Weg, der Industriebahn und der Ruhlsdorfer Straße gelegen, wurde ab 1937/38 errichtet. Es entstanden Lagergebäude, teilweise mit Gleisanschluß. Die Genehmigung wurde am 23. Mai 1938 vom Regierungspräsidenten in Potsdam erteilt.

Am 1. März 1939 fand auf dem Garagenhof des Zeugamtes die Fahnenweihe statt. Zwei Tage später ist das Erteilen der vorläufigen Betriebsgenehmigung dokumentiert. Die Gleislänge betrug 2000 Meter und bestand aus folgenden Gleisen:

4 Hauptverkehrsgleise
2 Abstellgleise
1 Überholungsgleis
1 Ausziehgleis
3 Stumpfgleise
1 Nebengleis zum Lokomotivschuppen

Der Gleisanschluß besaß 13 einfache Weichen sowie eine doppelte Kreuzungsweiche. Die Gleise waren mit Schienen der Form 6 ausgerüstet, die Weichen waren in Schotter gebettet. Die zulässige Höchstgeschwindigkeit betrug 15 km/h.

Auf dem Gelände befand sich ein Lokschuppen zur Unterbringung der eingesetzten Lokomotiven. Für die umfangreichen Rangieraufgaben waren drei Lokomotiven vorhanden. Es handelte sich um eine Lokomotive der Bauart WR 360 C (**W**ehrmacht-**R**angierdiesellokomotive mit **360** PS und drei (**C**) gekuppelten Achsen), die 1940 mit der Seriennummer 11210 von Berliner Maschinenbau AG (BMAG) geliefert wurde. Die nach dem Krieg verbliebenen Lokomotiven wurden von der Deutschen Reichsbahn später als V 36 bezeichnet und in deren Bestand eingereiht.

1937 schon wurde von Deutz eine Diesellok der AM-Typenreihe (A6M 220R 3) mit der Fabriknummer 17244 an das Reichsluftfahrtministerium geliefert, die später zum Zeugamt nach Teltow gelangte. Das Datum der Ankunft in Teltow ist nicht bekannt, vermutlich traf sie schon zu Baubeginn ein und übernahm die Rangierarbeiten auf der Baustelle. Diese Lok von Deutz war ebenfalls dreiachsig und besaß eine Leistung von 165 PS.

Als dritte Lokomotive war eine Kleinlokomotive der Leistungsklasse II (Kö II) frühestens ab September 1944 in Teltow im Einsatz. Vermutlich war es eine Reichsbahnlokomotive, die an die Wehrmacht zwangsweise abgegeben werden mußte. Sie kam von der RBD Halle zur RBD Berlin nach Teltow. Weitere Daten sind nicht bekannt. Die nach dem Krieg verbliebenen zweiachsigen Kleinlokomotiven der Leistungsklasse II wurden von der Deutschen Reichsbahn als Kö II, später als Baureihe 100, eingereiht.

Das Luftnachrichtenzeugamt war eine Anschlußbahn mit eigener Betriebsführung, für die ein Betriebsleiter benannt wurde. Die Lokomotiven wurden mit dafür ausgebildetem Personal des Zeugamtes besetzt.

Zu Friedenszeiten betrug die tägliche Zustellmenge vier bis fünf Wagen. Die Leistungsfähigkeit im Kriegsfall war damals noch nicht abzu-

Der für den innerbetrieblichen Transport im Luftnachrichten-Zeugamt Teltow von der Deutschen Reichsbahn gekaufte Güterwagen. Foto: Landesarchiv Berlin

schätzen. Die für das Zeugamt bestimmten Güterwagen wurden von der Teltower Eisenbahn bis zur Übergabestelle „Luft oben" befördert. Dort übernahmen die Dieselloks des Zeugamtes die Wagen und stellten sie im Anschluß zu. Die Behandlung des Wagenausganges erfolgte in umgekehrter Weise.

1939 erwarb das Zeugamt vom Reichsbahnzentralamt (RZA) den ausgemusterten R-Wagen Stuttgart 33 9 34 zur Verwendung für den Transport innerhalb der Lagerbereiche. Demselben Zweck diente der ebenfalls bei der Deutschen Reichsbahn ausgemusterte Gr-Wagen Wien 110 043, dessen eisenbahntechnische Abnahme am 7. Juli 1941 erfolgte. Dieser Wagen trug die interne Bezeichnung Werkwagen 2. Beide Wagen mußten alle drei Jahre eingehend untersucht werden.

Das Verkehrsaufkommen war ganz beachtlich; hier einige Zahlen zum Wagenumsatz:

Februar 1939   440 Wagen
Februar 1940   1091 Wagen
Februar 1941   1948 Wagen.

Noch 1944 lag der Durchschnitt bei 400 Wagen im Monat. Sehr oft wurden auch geschlossene Züge mit 40 bis 50 Wagen abgefahren. Für zwei Tage im Jahr 1941 waren folgende Wagen zur Beladung und Abfahrt vorgesehen:

Zum 31. März   50 G-Wagen,
zum 1. April   40 Om-Wagen
               und 44 F-Wagen.

Die Übergabegleise mit 120 und 160 Meter Nutzlänge reichten bald nicht mehr aus. Deshalb erwog man bei weiter steigendem Aufkommen, eine neue dreigleisige Übergabegruppe zu bauen. Diese sollte aus einem Übergabe-, einem Übernahme- und einem Umfahrgleis, von je etwa 400 Meter Länge bestehen. Oft wußte man mit den bestellten Wagen nicht wohin, sie wurden dann auf Reichsbahnhöfen in Gruppen abgestellt und verstopften dort die Gleise, ehe sie zur Beladung angefordert wurden. Die Erweiterung der Gleisanlagen für das Zeugamt fand nicht statt, ein Schreiben vom 30. Mai 1942 vermerkte, daß alle Bauarbeiten diesbezüglich eingestellt seien.

Im einzelnen waren innerhalb dieser Anschlußbahn folgende Anschlußgleise zu bedienen:
- Außenhalle
- Versand rechts
- Versand links
- Halle 2
- Halle 4.

Grundsätzlich wurde alles gelagert und zum Versand gebracht, was bei der Luftnachrichtentruppe benötigt wurde: vom Radiergummi über das Bettgestell bis zum Ersatzteil für Funkgeräte oder Navigationsinstrumente.

Nicht unerwähnt bleiben darf das Großklärwerk Stahnsdorf der Berliner Stadtentwässerung. Es war das größte und modernste Klärwerk in Europa. Der Bau wurde am 17. Oktober 1928 beschlossen, die Bauarbeiten begannen im April 1929 und waren im Mai 1931 im wesentlichen abgeschlossen. Auch die Teltower Eisenbahn profitierte von der Errichtung des Klärwerkes, Kies- und Zementtransporte zur Baustelle bescherten ihr große Mehreinnahmen. Im Juli 1929 wurden mit diesen Transporten allein 18 783,55 RM erzielt, im Juli 1930 waren es immerhin noch 13 948,90 Reichsmark.

An der Baustelle des Klärwerkes wurden mehrere Gleise errichtet, die jedoch in den folgenden Jahren nach Fertigstellung des Klärwerkes ungenutzt blieben.

Das Großklärwerk wurde am Schenkendorfer Weg in Stahnsdorf auf dem Gelände der alten, 1923 stillgelegten Kläranlage des Entwässerungs-Zweckverbandes Wilmersdorf-Schmargendorf-Zehlendorf-Teltow neu errichtet. Das Stahnsdorfer Klärwerk war zur Entsorgung der Abwässer der südlich der Spree gelegenen Stadtteile Groß-Berlins gedacht. Die übliche Praxis, die Abwässer auf Rieselfelder zu verbringen, konnte und wollte die Stadt Berlin nicht weiter forcieren. Einerseits waren die zu verrieselnden Abwassermengen stark gestiegen, verschiedene Rieselflächen waren erheblich stärker belastet als mit den damals als Richtwert empfohlenen 60 Kubikmeter Gülle pro Hektar Boden, andererseits war berieselungsfähiges Land nicht mehr unbedingt kostengünstig zu erwerben.

Es entstand ein Gleisanschluß an die Industriebahn, der zwischen Ruhlsdorfer Straße und Schenkendorfer Weg bei Kilometer 3,420 vom Stammgleis abzweigte, zuerst den vorderen Teil mit einer dreigleisigen Abstellanlage (mit den Gleisen I, II und III) erreichte und dann südwestlich unter Querung des Schenkendorfer Weges zum hinteren Teil, zum Klärwerk auf die Schlammtrockenplätze führt. Am 8. Februar 1930 wurde die Genehmigung zur Inbetriebnahme des Anschlusses erteilt.

In der Dokumentation „Das Abwasser-Grossklärwerk Berlin-Stahnsdorf" aus dem Jahre 1931 ist diese Anlage wie folgt beschrieben: „Die von Zufahrtstraßen umgebenen Schlammtrockenplätze bestehen aus zwei Gruppen, die durch eine breite, mit Gleisanschluß versehene und in der Mitte hallenartig überdachte Ladestraße voneinander getrennt sind. Jede Platzgruppe ist in 22 dränierte Schlammtafeln von 25 Meter Länge und 20 Meter Breite unterteilt, von denen je elf rechts und links der beiden Schlammzuführungskanäle liegen. Die Schlammtafeln werden etwa 0,4 Meter hoch mit Faulschlamm überstaut, der an der Luft in kurzer Zeit bis zur Stichfestigkeit abtrocknet. Der getrocknete, unmittelbar zu Dungzwecken verwendbare Schlamm wird dann maschinell mittels eines in der Längs- und Querrichtung über den ganzen Schlammplatz verfahrbaren Räumers beseitigt und entweder in Eisenbahnwagen verladen oder neben den beiderseits längs des Trokkenplatzes angeordneten Zufahrtstraßen bis zur Abholung durch Fuhrwerke abgesetzt. Unter dem Hallendach der mittleren Ladestraße sollen Versuche mit weitergehender Schlammtrocknung und Schlammkompostierung angestellt werden."

Es führten zwei Gleise auf den Schlammtrockenplatz, der mit einer Schiebebühne ausgerüstet war. In der Grube der Schiebebühne lief ein Schlammbagger quer zu den Gleisen. Zur Gleisbedienung fuhr die Schiebebühne in die Gleislücke des zu bedienenden Gleises ein. Erst wenn diese festgelegt war, konnte die Gleissperre des entsprechenden Gleises abgelegt werden.

Im Zusammenhang mit dem Bau des Klärwerkes sei auf einen tragischen Unfall aufmerksam gemacht, der sich am 24. Oktober 1929 um 18.58 Uhr am Überweg der heutigen Ruhlsdorfer Straße in Teltow ereignete.

Der 42 Achsen starke Zug 11 drückte die auf der Baustelle des Klärwerkes entladenen Wagen zum Bahnhof Teltow zurück, als der an der Spitze des Zuges sichernde Rangierer C. ein vom Hof der Perfectecon Maschinenfabrik kommendes Motorrad bemerkte, das sich mit 40 – 50 km/h dem Überweg näherte. Sofort versuchte C., den Kradfahrer durch Rufen, Pfeifen und Winken mit der Laterne auf den herannahenden Zug aufmerksam zu machen. Er mißachtete die Warnungen, fuhr über das Warnkreuz und wurde vom ersten Wagen des Zuges erfaßt. Dabei wurden ihm beide Unterschenkel abgefahren, im Krankenhaus erlag er später seinen Verletzungen. Das Unfallopfer war der Portier H. der Perfectecon Maschinenfabrik.

Die an dem Unfall beteiligten Eisenbahner, Lokführer K., Heizer H. und Rangierer C., wurden zu dem Unfall vernommen. Man war der Annahme, Lokführer K. wäre schneller als die vorgeschriebenen 15 km/h gefahren. Dieser Verdacht konnte jedoch entkräftet werden, denn an dem Motorrad, das auf dem Hof der Maschinenfabrik hinterstellt wurde, fand man noch den geschalteten dritten Gang vor.

Die „Dürener Metallwerke AG" beabsichtigte, einen Gleisanschluß von der Teltower Eisenbahn zu ihrem Werkgelände in Stahnsdorf, Ruhlsdorfer Weg zu errichten. Dieser Anschluß sollte zwischen Kilometer 4,025 und 4,510 (alte Kilometrierung) des Stammgleises erfolgen, konnte jedoch aufgrund von Geländeerwerbsschwierigkeiten zum damaligen Zeitpunkt nicht in der vorgesehenen Form realisiert werden. Daher beantragte die ADEG mbH als Betriebsführerin im Namen der Teltower Eisenbahn im Jahre 1942 beim Regierungspräsidenten in Potsdam, den Anschluß der Dürener Metallwerke AG an das Gleis des Großklärwerkes der Stadt Berlin in Stahnsdorf anzuschließen. Dieser Notanschluß wurde bis spätestens 5. November 1942 unter Nutzung alter, vorhandener Abstellgleise bei Kilometer 0,342 des Streckenastes zum Klärwerk errichtet. An dieser Stelle wurde die Anschlußweiche eingebaut und ein Gleis S-kurvenartig verlegt. Der Notanschluß lag aber nicht – wie im Erläuterungsbericht dazu erwähnt –, nur auf dem Gelände des Klärwerkes, sondern berührte an der Anschlußweiche den Grundbesitz der Stadt Teltow. Gegen diese Ausführung erhob der Bürgermeister der Stadt Teltow im Schreiben vom

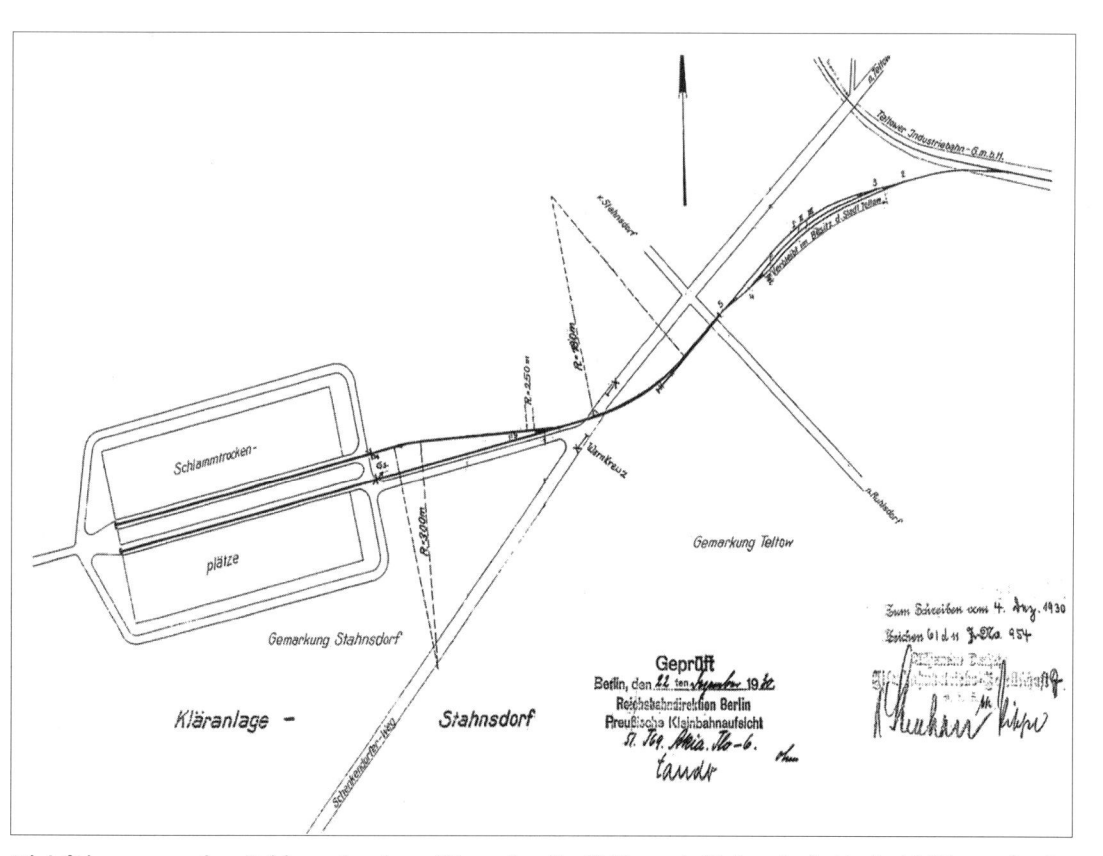

Gleisführung zu den Schlammtrockenplätzen im Großklärwerk Stahnsdorf. Nach 1945 wurde das Anschlußgleis vom VEB Bau- und Montagekombinat (BMK) Ost genutzt. Zeichnung aus dem Jahre 1930. Repro: Landesarchiv Berlin

6. November 1942 an den Regierungspräsidenten in Potsdam Einspruch, weil „... die Dürener Metallwerke AG eigenmächtig städtischen Grundbesitz in Anspruch genommen haben und eine Verständigung mit der Stadt Teltow bis jetzt nicht veranlaßt worden ist. Auch die Überquerung des Schenkendorfer Weges zwischen dem städtischen Grundbesitz und dem Gelände des Großklärwerkes der Stadt Berlin ist nicht ordnungsmäßig hergerichtet. Ich bitte, der Antragstellerin zur Auflage zu machen, daß diese Kreuzung mit dem Schenkendorfer Weg mit den erforderlichen Sicherungseinrichtungen versehen werden muß und daß die Antragstellerin auch die Unterhaltungsarbeiten der Wegekreuzung zu übernehmen und durchzuführen hat. Die höhengleiche Kreuzung mit dem Schenkendorfer Weg ist nicht zulässig und kann nur auf die Dauer des Krieges der Ausführung zugestimmt werden.

Gegen die vorgesehene endgültige Ausführung des Gleisanschlusses erhebe ich ebenfalls Einspruch. Die endgültige Ausführung des Gleisanschlusses ist in fast höhengleicher Kreuzung mit dem Landweg Stahnsdorf – Ruhlsdorf innerhalb der Gemarkung Teltow zwischen Anschluß-km 0,8 und 0,9 vorgesehen. Für die Verkehrsführung innerhalb des vom GBI. ausgewiesenen Industriegebietes wird dieser Landweg zu einer sehr wichtigen Straße künftig ausgebaut. Die planmäßig vorgesehene Kreuzung ist verkehrsgefährlich und verkehrshindernd. Da grundsätzlich neue höhengleiche Kreuzungen von Eisenbahnen mit Straßen nicht zulässig sind, kann diese vorgesehene Anordnung höchstens als Übergangslösung auf die Kriegsdauer in Frage kommen. Sofern einer solchen Übergangslösung stattgegeben wird, bitte ich zur Auflage zu machen, daß die erforderlichen Anrampungen des Verbindungsweges Stahnsdorf – Ruhlsdorf und auch der Anschluß der Iserstraße mit den erforderlichen Pflasterarbeiten zu Lasten der Antragstellerin auszuführen sind. Desgleichen die Schaffung der dadurch erforderlich werdenden Entwässerungseinrichtungen ..." [GBI.= Generalbauinspektor für die Reichshauptstadt Berlin, Albert Speer; Anm. d. A.].

Der Plan zum Bau dieses Gleisanschlusses lag beim Bürgermeister in Teltow vom 24. Oktober bis zum 7. November 1942 zur Einsichtname für jedermann aus. Ob es noch zum Bau des Anschlusses kam, ging aus den zur Verfügung stehenden Unterlagen nicht hervor. Es ist aber eher unwahrscheinlich, daß eine Bautätigkeit tatsächlich noch einsetzte, zu viele Ressourcen band der Krieg. Am 20. Juli 1943 teilte man mit, daß auf Veranlassung des Reichsluftfahrtministeriums (RLM) die Arbeiten zur Errichtung des neuen Werkes vorläufig eingestellt werden.

Die Inbetriebnahme des Hilfsrangierbahnhofs Großbeeren am 15. August 1941, dessen Bau später noch beschrieben wird, brachte eine Änderung mit sich. Die für die Teltower Eisenbahn bestimmten Wagen wurden nun in Großbeeren gesammelt und zu einem neuen Übergabebahnhof gefahren, der nördlich vom Bahnhof Teltow lag. Der alte Übergabebahnhof der Teltower Eisenbahn zur Reichsbahn mußte wegen der Hochlegung der Anhaltischen Bahn aufgegeben werden.

Zu dieser Problematik gab es schon im Vorfeld Streit. Die Reichsbahnbaudirektion (RbauD) machte in einem Schreiben vom 23. Dezember 1941 die Kleinbahnaufsicht der RBD Berlin darauf aufmerksam, daß die Teltower Eisenbahn die Kostenübernahme der Anschlußverlegung durch die Umgestaltung der Teltower Bahnanlagen ablehne. Daraufhin kündigte die RBD Berlin zum 31. Dezember 1941 den Anschlußvertrag mit der Teltower Eisenbahn. Es drohte das Nichtbedienen „wehrwichtiger" Betriebe in Teltow ab dem 1. Januar 1942. Die ADEG nahm in einem Schreiben an den Reichsbevollmächtigten für Bahnaufsicht Stellung: „ ... Die Entziehung der Genehmigung eines Anschlusses kann nur durch Enteignung gegen volle Entschädigung erfolgen..." Es blieb bei der Forderung, die Teltower Eisenbahn mußte sich fügen. Die ADEG teilte später dem Reichsbahn-Neubauamt nach der Besichtigung und Abnahme der neuen Anlagen mit, daß sie künftig von der Teltower Eisenbahn unterhalten werden.

Mit Wirkung vom 1. Januar 1941 wurde die Teltower Eisenbahn in den Reichsbahn-Gütertarif aufgenommen. Es galten folgende Sätze:

I **Bahnhofsgebühr**
(Bahnhofs- und Ortsfracht) je 100 kg
(mindestens jedoch für 5 t)　　　0,12 RM

II **Umstellgebühr**
für den Wagen　　　4,80 RM

III **Überführungsgebühr**
für den Wagen　　　4,80 RM

IV **Stellgebühr**
für den Wagen　　　1,60 RM

V **Abholgebühr**
für den Wagen　　　4,60 RM

VI Anschlußgebühr
   für 1 Kilometer   1,60 RM
   für jeden weiteren Kilometer   0,40 RM

Aufgrund des stark gestiegenen Verkehrsaufkommens übernahm die Teltower Eisenbahn leihweise stärkere dreiachsige Lokomotiven von der Niederlausitzer Eisenbahn, wofür 1943 der Lokschuppen auf dem Betriebsbahnhof an der Oderstraße um 1,5 Meter verlängert werden mußte.

Nicht erst zum Kriegsende hin waren auch auf den Anlagen der Teltower Eisenbahn Bombenschäden zu verzeichnen. In einer Mitteilung waren sämtliche Schäden aufgeführt, die bei einem feindlichen Fliegerangriff in den Mittagsstunden des 24. Mai 1944 in Teltow West entstanden. Das waren im einzelnen: „ ...

- leichte Glas- und Dachschäden am Bahnhofsgebäude, Lokschuppen und den Nebengebäuden,
- in Teltow West verbrannten vierzig, dort lagernde, ausgebaute Schwellen,
- der hölzerne Stallanbau des Werkwohngebäudes in der Mainstraße 7 abgebrannt,
- bei der Anschlußweiche der Lackfabrik Lüdicke, gegenüber der Firma Zugolin Gleis durch Bombenschäden unterbrochen,
- Fernsprechleitungen an mehreren Stellen unterbrochen,
- beim offenen Güterwagen Frc 277 383, eingegangen mit Tankholz für Zugolin, ist der Bodenbelag verbrannt."

Durch die Zerstörungen mußte der Betrieb unterbrochen werden, eine Lokomotive war im Betriebsbahnhof blockiert. Mit dem Wiederherstellen der Strecke wurde alsbald begonnen. Bei diesem Angriff waren glücklicherweise keine Verletzten oder Tote zu beklagen.

Zum Kriegsende hin führte die ADEG verschiedene Fahrzeuge von anderen Eisenbahnen, bei denen sie auch Betriebsführerin war, vor der vorrückenden Front nach Teltow zurück, um so die Fahrzeuge zu retten.

Strecke 149 →   **← Strecke 150**

Teltow—Biesenhorst—Berlin-Karow

1	2		3	4	5									
Wirkl. Entfernung km	Meldestelle				Entfernung in Kilometern									
	Nummer Strecke 149	Nummer Strecke 150	Name	Abkürzung										
	1	1	Teltow	Tlb	Teltow									
2,51	2	2	Osdorf	Os	3	Osdorf								
6,48	3	3	Lichtenrade Güteraußenring	Lra	6	3	Lichtenrade Güteraußenring							
9,48	4	4	Groß Ziethen	Zt	10	7	4	Groß Ziethen						
13,97	5	5	Schönefeld Kr Teltow	Sfs	14	11	8	4	Schönefeld Kr Teltow					
17,80	6	6	Altglienicke	Al	18	15	12	8	4	Altglienicke				
21,43	7	7	Wendenheide	Wd	21	18	15	11	7	3	Wendenheide			
23,91	8	8	Eichgestell	Eg	24	21	18	14	10	6	3	Eichgestell		
27,03	9	9	Biesenhorst	Bh	27	24	21	17	13	9	6	3	Biesenhorst	
32,14	10	10	Springpfuhl	Sgl	32	29	26	22	18	14	11	8	5	Springpfuhl
37,08	11	11	Wartenberg	Wt	37	34	31	27	23	19	16	13	10	5	Wartenberg
42,67	12	12	Karow	Kar	43	40	37	33	29	25	22	19	16	11	6	Karow

Kilometertafel des (vorläufigen) Güteraußenrings von Teltow nach Karow.
Aus: Anhang I zur Vorschrift zur Ermittlung der Betriebsleistungen, Berlin 1941

Die Anschließer der Industriebahn von der Eröffnung bis zur Stillegung

Die Kleinbuchstaben kennzeichnen Gleisanschlüsse, die bis 1945 eingerichtet wurden. Zahlen bezeichnen die Werke, die nach 1945 aus den alten Firmen hervorgingen und die Anschlußgleise weiter nutzten, sowie neu errichtete Betrieb und Gleisanschlüsse.

a Abbruch Aktiengesellschaft Teltow, ehemals Nordflugwerke
b Allgemeine Straßenbaugesellschaft und Kunststeinwerke vorm. Paul Schuffelhauer AG, ab 1913 Maschinenfabrik für Hartzerkleinerungs- und Transportanlagen Curt von Grueber, ab 1921 Perfectecon Maschinenbaugesellschaft m. b. h., ab ca. 1935 Curt von Grueber Maschinenbauanstalt Teltow bei Berlin
c Luftnachrichtenzeugamt
d Großklärwerk Stahnsdorf der Stadt Berlin
e Chemische Fabrik der Gebrüder Patermann (Biomalzfabrik), ab 1912
f Werk Dr. Hell
g National Radiatoren Aktiengesellschaft, ab 1936 teilweise an Firma Heinrich List, Werk für Elektrotechnik und Mechanik vermietet
h Orenstein & Koppel AG, ab 1919/20
i ab September 1928 durch Rhenania Ossag Mineralölwerke genutzt
j ab 1938/39 Ersatzverpflegungsmagazin I, Verpflegungsanlage Teltow
k Porzellanfabrik Teltow GmbH, ab etwa 1912
l ab 1935 Dralowid-Werk
m ab Februar 1927 Bitumuls Kaltasphalt AG
n ab 1912 Parfüm- und Seifenfabrik Gustav Lohse AG
o vermutlich ab 1930 Zugolin Oellagergesellschaft mbH.
p Lackfabrik Lüdicke und Co., ab 1939
q Niederlassung des Bauhofes der Teltow Werft
r Ostsee-Holzindustrie und Bau-AG, ab 1943
s Berliner Bausteinwerke GmbH, ab 1942
t Hafenbahnhof Teltow, ab 1909

1 GPG „Immergrün"
2 VEB Hartzerkleinerungsmaschinen TELTOMAT, heute Teltomat Maschinen GmbH
3 Anschluß Nationale Volksarmee (NVA)
4 Anschluß der sowjetischen Streitkräfte
5 Klärwerk Stahnsdorf
6 Bau- und Montagekombinat Ost (BMK Ost)
7 VEB Biomalz Teltow
8 Heizwerk des VEB Geräte- und Reglerwerke Teltow
9 VEB Geräte- und Reglerwerke Teltow, Versand
10 VEB Geräte- und Reglerwerke Teltow
11 Speichergelände, VEB Kraftfuttermischwerk (KFM) Teltow
11.1 Großhandelsgesellschaft (GHG) Haushaltwaren Teltow
11.2 VEB Agrotechnik
12 VEB Elektronische Bauelemente „Carl von Ossietzky" Teltow (EBT oder CvO)
13 Vereinigte Asphalt- und Teerprodukten-Fabriken (VAT) GmbH
14 ehemals Parfümfabrik Lohse, ab 1952 von CvO und GRW genutzt
15 VEB Minol, Außenstelle Teltow
16 VEB Lackfabrik Teltow
17 VEB Energiekombinat Potsdam
18 Aufgabe des Gleisanschlusses
19 VEB Betonwerk Teltow
20 Hafenbahnhof Teltow, bis 1961 genutzt, später abgebrochen und zurückgebaut
21 Zentrales Heizwerk (ZHW)
22 Heizwerk des CvO

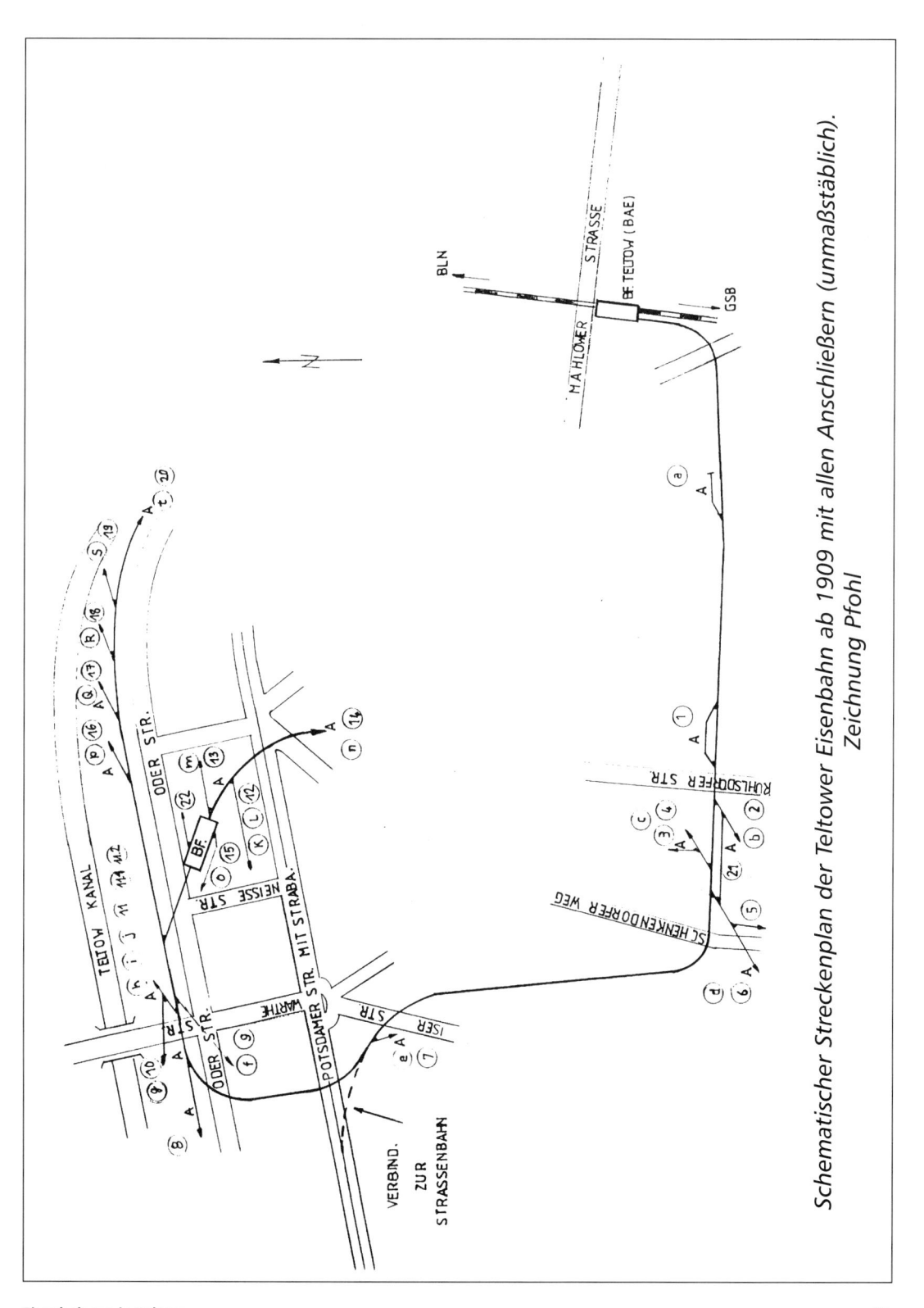

Schematischer Streckenplan der Teltower Eisenbahn ab 1909 mit allen Anschließern (unmaßstäblich). Zeichnung Pfohl

Eisenbahnen in Teltow

5. Der Verkehr auf der Anhaltischen Bahn bis 1945

Seit der Streckeneröffnung der BAE im Jahre 1841 bis zur Eröffnung des Bahnhofs in Teltow am 1. Oktober 1901 fuhren die Züge, Personen-, Güter-, und seit 1853 auch Schnellzüge, an Teltow vorbei. Das Zugangebot auf dieser Strecke verbesserte sich von Jahr zu Jahr. Besonders im Abschnitt Berlin – Jüterbog gab es ein gutes Zugangebot. Hielten in der Zeit nach der Eröffnung der Anhalter Bahn in Lichterfelde nur drei Züge je Richtung, so waren es 1869 schon sieben Personen- und Schnellzugpaare. 1873 erhöhte sich die Zahl auf zehn Zugpaare je Richtung. Ab Oktober 1876 gab es erstmals besondere Vorortzüge, sie dienten quasi als „Pausenfüller" zwischen längeren fahrplanbedingten Zugpausen. Diese Züge verkehrten zwischen Berlin und Lichterfelde. Dieser Verkehr war der Anfang des späteren Vorortverkehrs nach Lichterfelde, um dessen Verlängerung der Magistrat der Stadt Teltow einige Jahre später so erbittert kämpfte.

Die zweigleisige Strecke in Richtung Jüterbog kam schnell an die Grenzen ihrer Leistungsfähigkeit. Folgerichtig beabsichtigte man eine Trennung des Vorortverkers vom Fernverkehr durch die schrittweise Inbetriebnahme eines zusätzlichen Gleispaares bis Lichterfelde Ost. Somit konnten ab 1. Dezember 1901 in jeder Richtung 74 Zugpaare in teilweisen Abstand von zehn Minuten vom Potsdamer Ringbahnhof bis Groß Lichterfelde Ost verkehren.

Nicht nur der Vorortverkehr war eine Forderung der Zeit, auch der schon bei der ersten elektrischen Straßenbahn der Welt – der, mittlerweile in modifizierter Form die neu entstandene Hauptkadettenanstalt mit den Bahnhöfen Lichterfelde Ost und Lichterfelde West ab 1890 miteinander verband – erfolgreich erprobte elektrische Antrieb hielt Einzug. Am 15. Juli 1903 wurde der elektrische Vorortverkehr aufgenommen. Damit war der Grundstein für die später durchgeführte „Große Elektrisierung" der Berliner Stadt-, Ring-, und Vorortbahnen gelegt, die spätere Berliner S-Bahn war geboren.

Ganz beachtlich waren die Versuche der Stadt Teltow, den Vorortverkehr nach Berlin zu verbessern, gab es doch genügend Beispiele in der damaligen Zeit, daß auch weiter entfernte Städte im Umland von Berlin eine bessere Verkehrsanbindung als Teltow besaßen. Als Beispiele seien hier Bernau, Königs Wusterhausen und Fürstenwalde genannt. Deren Entfernungen zu Berlin waren ungleich höher als die von Teltow mit gerade einmal 14 Kilometer.

Der Magistrat der Stadt Teltow unternahm daher seit Jahren Vorstöße, diese unbefriedigende Situation zu verbessern. In der Druckschrift „Zusammenstellung über das zwecks Erreichung einer Verbesserung des Vorortverkehrs vom Magistrat Teltow in den Jahren 1912/13 Veranlaßte" beschreibt der damalige Bürgermeister Palleske die Versuche, die diesbezüglich unternommen wurden. Nachdem Stahnsdorf mit Eröffnung der sogenannten Friedhofsbahn Wannsee – Stahnsdorf am 2. Juni 1913 Bahnstation wurde, verfolgte man zielstrebig das Projekt eines Lückenschlusses ausgehend von Stahnsdorf über Teltow (Stadt), Lichterfelde Süd nach Lichterfelde Ost, um dort auf die Anhalter Bahn zu treffen. Am 15. Februar 1912 trug der Bürgermeister diese Wünsche beim Ministerium für öffentliche Arbeiten vor. Daraufhin wurde ihm mitgeteilt, daß seitens des Finanzministeriums und des Abgeordnetenhauses zur Zeit wenig Interesse an einer Erweiterung des Vorortverkehrs besteht. Das würde sich ändern, wenn die betreffenden Gemeinden den Bahnbau garantieren würden. Weiterhin wurde der Bescheid dahingehend begründet, daß der Vorortverkehr über Teltow nach Stahnsdorf „höchstens dem in der Nähe des Anhalter Bahnhofes wohnenden Publikum genehm sei". Teltow wurde an das Eisenbahnministerium verwiesen. Sodann wurde am 20. Februar 1912 dieser Wunsch dem Eisenbahnminister vorgetragen. Teltow war sogar bereit „... in jeder Weise und unter ihrer Finanzkraft entsprechenden Opfern ... die Sache fördern zu helfen".

So teilte die Eisenbahndirektion im April in einem abschlägigen Bescheid mit, daß vonseiten des Staates kein Interesse vorläge. Am 30. September 1912 richtete man eine Eingabe an die Landtagsabgeordneten, unter anderem an Graf

Restaurant von Ernst Scholz, Teltow am Bahnhof
Telefon: Zehlendorf 3891

Die Bahnhofsschänke in einer Ansicht von 1927. Sie existiert noch heute (siehe Seite 110). Im Rahmen von Instandsetzungsarbeiten wurde der Turm entfernt. Foto: Sammlung Pfohl von Spee. Von dem verantwortlichen Ministerium wurde der Vorschlag unterbreitet, daß die Strecke Lichterfelde Ost – Lichterfelde Süd – Teltow – Stahnsdorf wie die Friedhofsbahn Wannsee – Stahnsdorf von öffentlicher Hand gebaut, und an den Staat übergeben werden könnte.

Teltow erhoffte sich nun Unterstützung vom „Verein Berliner Vororte" sowie vom „Berliner Vorortverein", an die man sich nun wandte. Der Gemeindevorstand von Berlin-Lichterfelde hatte – anders als Teltow – von seiten der Eisenbahn einige wenige Informationen erhalten. So war geplant, „in Zukunft in der Richtung auf Teltow sechs Geleise zu verlegen, der Plan bedürfe aber noch erheblicher Abänderungen." Zu diesem Zeitpunkt war die Finanzfrage (immer) noch nicht geklärt. Der Teltower Magistrat bat die Eisenbahndirektion Halle, in deren Zuständigkeitsbereich Teltow lag, um die Übersendung der Pläne, damit diese bei einer eventuellen Ausführung der von Teltow geforderten Bahn berücksichtigt werden könnten. Es ging und ging nicht vorwärts, man wandte sich an die Eisenbahndirektion Berlin. Sie antwortete darauf der Stadt Teltow, daß auch in Zukunft eine solche Bahn mangels Interesse nicht vorgesehen sei.

Einen weiteren Versuch unternahm die Stadt Teltow, als sie ihren Wunsch im April 1913 der Berliner Stadtsynode vortrug, die auch Auftraggeber der Friedhofsbahn war. Sie müßte doch, so die Begründung, Interesse an einer Weiterführung der Strecke haben, wäre doch dadurch die Möglichkeit gegeben Stahnsdorf und damit den Friedhof auch auf einem anderen Weg als über Wannsee zu erreichen. Eine Antwort blieb aus.

Dem Vorstand der „Städtischen Güter Berlin" wurde der Vorschlag unterbreitet, auf 59 Hektar nicht berieselungsfähigem Grund und Boden der Teltower Feldmark Schrebergärten anzulegen. Das müßte ein gewisses Verkehrsbedürfnis hervorrufen – so hoffte man im Teltower Magistrat. Die Gärten sollten auch von Berlinern genutzt werden können, doch eine Unterstützung von Berliner Seite blieb aus.

Alle Bitten, Eingaben, Anfragen und Vorschläge nutzten nichts, brachten nicht den gewünschten Erfolg. Aus der projektierten Bahn von Lichterfelde nach Stahnsdorf wurde keine Realität, zurück blieb ein Wunschtraum. Bürgermeister Palleske resümierte am Schluß in der oben erwähnten Druckschrift: „… Leider sind bisher alle Mühen ohne Erfolg gewesen, wir geben uns aber der festen Hoffnung hin, daß unsere Arbeit doch mal von Erfolg gekrönt sein wird und muß. Es erscheint ausgeschlossen, daß eine derartige Zurücksetzung der Stadt Teltow und der Vororte an der Anhalter Eisenbahnstrecke, wie sie jetzt vorhanden ist, noch lange Zeit andauern kann, es wird nur ein Akt der Gerechtigkeit erfüllt, wenn dieser so arg vernachlässigten und ohne jeden ersichtlichen Grund anderen Strecken gegenüber auf das bitterste zurückgesetzten Gegend endlich das wird, was anderen Gegenden und Ortschaften längst und oft ohne wesentliche Opfer geworden ist …"

Erst in den Dreißiger Jahren wurde das Projekt – zum Teil – wieder aufgegriffen, als man schon einmal eine S-Bahnstrecke nach Teltow Stadt plante, doch dazu später mehr.

Die Zunahme des Verkehrs auf der Anhaltischen Bahn spiegelte sich auch an den Nahtstellen Straße/Schiene wieder. Die Schließzeiten von Schrankenanlagen erhöhte sich nicht zuletzt durch die beginnende Zunahme des Automobilverkehrs derart, daß dringend Abhilfe nötig war. So beabsichtigte man die abschnittsweise Hochlegung der Anhaltischen Bahn, um die Straßen an neuralgischen Punkten niveaufrei kreuzen zu können. Im Jahre 1914 entschloß man sich zum viergleisigen Ausbau dieser stark frequentierten Bahnlinie. Grundgedanke war, den höherwertigen, schnellen Reiseverkehr von den langsameren Personen- und Güterzügen zu trennen. Die starke Streckenbelegung führte dazu, daß Reisezüge fahrplanmäßige Betriebshalte von mitunter 30 bis 40 Minuten einlegen mußten. Jede Zugverspätung barg die Gefahr, sich zu einer größeren Störung auszuweiten. Zunächst wurde damit begonnen, den etwa 16 Kilometer langen Teilabschnitt Luckenwalde – Jüterbog viergleisig auszubauen. Die Arbeiten kamen gut voran und wurden erst nach 1916 kriegsbedingt eingestellt.

In den zwanziger Jahren nahm die aus dem Zusammenschluß der Länderbahnen hervorgegangene, und am 1. April 1920 gegründete Reichsbahn alte Bauvorhaben wieder auf, so auch den erwähnten viergleisigen Ausbau des Abschnitts von Luckenwalde bis Jüterbog, der aber 1922 endgültig eingestellt wurde. Der Abbruch dieses Vorhabens beruhte auf der am 1. Juni 1923 erfolgten Inbetriebnahme der Strecke von Wiesenburg an der Wetzlarer Bahn nach Roßlau. Diese Strecke diente vor allem dem Güterverkehr zwischen Berlin und Mitteldeutschland, der nun nicht mehr unbedingt über die Anhaltische Bahn geführt werden mußte.

In diesem Zusammenhang sei auch auf die Inbetriebnahme des Rangierbahnhofs Seddin an der Wetzlarer Bahn hingewiesen, die im Oktober 1924 erfolgte. Deshalb wurde auch der Bau einer südlichen (Güter-)Umgehungsbahn weiter vorangetrieben, dessen Teilstrecke Seddin – Großbeeren am 21. Dezember 1926 – zunächst eingleisig – in Betrieb genommen wurde. Diese Strecke diente unter anderem der Verbindung der Rangierbahnhöfe Seddin und Tempelhof.

Das gestiegene Verkehrsaufkommen auf der Anhaltischen Bahn erforderte auch eine Modernisierung auf dem Sektor der Stellwerks- und Signalanlagen.

Der rote Klinkerbau, der bis vor einiger Zeit an der Mahlower Straße stand und als ehemaliges Stellwerk erkennbar war, wurde am 17. Dezember 1930 als mechanisches Stellwerk der Einheitsbauform dem Bahnbetrieb übergeben. Es trug die Bezeichnung Tlo, die fernschriftliche Abkürzung von Teltow. Das Gebäude erstellte das Baugeschäft Paul Voigt aus Großbeeren, die „Vereinigten Eisenbahn Signalwerke GmbH" aus Berlin-Siemensstadt lieferten das Blockwerk. Durch den Neubau des Stellwerkes konnte der Schrankenposten 14, dem die Bedienung der Schrankenanlage der Mahlower Straße oblag, aufgegeben werden. Die Schrankenanlage mit allem Zubehör bezog die Reichsbahn von der Firma Gast, die ihren Sitz in Berlin-Lichtenberg hatte.

Mit der Umgestaltung der Bahnanlagen Berlins und der damit verbundenen Hochlegung der Gleise im Raum Teltow, wurde das Stellwerk etwa 1942/43 aufgegeben. Nach dem Krieg übernahm es andere Funktionen.

Die Lichterfelder Vorortstrecke wurde schrittweise für den Einsatz der neuen elektrischen S-Bahnzüge der Bauart „Stadtbahn" umgerüstet. Diese „Große Elektrisierung" begann in den Jahren 1928/29, auf der Lichterfelder Vorortstrecke am 2. Juli 1929. Die Züge verkehrten im Abstand von zehn Minuten (Berufsverkehr) bis Lichterfelde

Ehemaliges Stellwerk Tlo, das mit der Hochlegung der Anhalter Bahn aufgegeben wurde. Es beherbergte zuletzt die Fahrkartenausgabe. Der Austritt oben rechts am Gebäude diente dem besseren Beobachten der Mahlower Straße beim Schließen der Schranken. Das Stellwerk mußte dem neuen Regionalbahnhof Teltow weichen. Foto: April 1996, Pfohl

Ein recht gutes Zugangebot herrschte im Jahre 1942. Es gab aber auch schon SFR-Züge (Schnellzüge für Fronturlauber) sowie D-Züge mit Wehrmachtabteil (DmW). Auszug aus dem Amtlichen Taschenfahrplan für Sachsen und angrenzendes Sudetenland, RBD Dresden 1942, gültig vom 2. November 1942 bis auf weiteres. Sammlung Pfohl

Ost (ab 1936 neue Bezeichnung Berlin-Lichterfelde Ost). Nach Inbetriebnahme des Nord-Süd-Tunnels wurde die Lichterfelder Vorortstrecke an die Nord-Süd-S-Bahn angeschlossen. Die S-Bahn verkehrte nun von Lichterfelde Ost bis Bernau, ab dem 1. April 1940 bis Velten.

Für Reisende nach Teltow bestand die Möglichkeit einen der zahlreichen Fernpersonenzüge zu benutzen, die in Teltow hielten. Auch der ab August 1936 eingerichtete Werkpersonenverkehr zwischen Lichterfelde Ost und Genshagener Heide zur Bedienung des neu entstandenen Daimler-Benz Flugzeugmotoren-Werks in Genshagen war eine Verbesserung.

Als am 15. Mai 1938 der Vorortarif über Lichterfelde Ost hinaus bis nach Teltow ausgedehnt wurde, war damit eine längst überfällige Forderung erfüllt. Ab sofort konnte man die Fernpersonenzüge bis Teltow mit S-Bahn-fahrkarten benutzen. Auch ein verbessertes Angebot an Fernreisezügen war von Fahrplanwechsel zu Fahrplanwechsel spürbar. Die Reisezeiten konnten durch Steigerung der Geschwindigkeiten wesentlich verkürzt werden. Neue, leistungsfähigere Lokomotiven, Triebwagen und Reisezugwagen die für höhere Geschwindigkeiten zugelassen waren, ermöglichten diesen Qualitätssprung.

5.1 Geplante und ausgeführte Projekte auf der Anhaltischen Bahn im Dritten Reich

Der Traum der Nationalsozialisten, die seit dem Tag der Machtergreifung am 30. Januar 1933 die Zügel in der Hand hielten, war die Umgestaltung Berlins zur Reichshauptstadt Germania. Kernpunkt war eine gigantische Prachtstraße quer durch Berlin, die von zwei großen Fernpersonenbahnhöfen, dem Personenbahnhof Nord und dem Personenbahnhof Süd begrenzt sein sollte.

Da dafür riesige Flächen benötigt wurden, war eine völlige Umgestaltung der Berliner Bahnanlagen vorgesehen. Der Fernreiseverkehr sollte nur noch die beiden neu zu bauenden Bahnhöfe anlaufen, für den Güterverkehr wurden vier bis fünf Rangierbahnhöfe außerhalb des Stadtgebietes als ausreichend erachtet. Auf ihnen sollte der Ortsgüterverkehr vom Durchgangsgüterverkehr getrennt werden. Von diesen Rangierbahnhöfen außerhalb Berlins sollte der Ortsgüterverkehr zu den neuen Ortsgüterbahnhöfen in Berlin geführt werden. Auf der Fläche des Rangierbahnhofs Tempelhof sollte der neue Ortsgüterbahnhof Süd entstehen. Die Güterzüge, deren Ziel nicht Berlin war, sollten auf einem Güteraußenring (GAR) die Stadt Berlin weiträumig umfahren.

Für die Ausarbeitung der Pläne und deren Realisierung wurde am 12. Mai 1937 eigens die Reichsbahnbaudirektion (RBauD) Berlin ins Leben gerufen. Sie plante in Rüdnitz, Fredersdorf und in Großbeeren neue Rangierbahnhöfe, die im Endausbau die innerhalb Berlins gelegenen Rangierbahnhöfe Anhalter Güterbahnhof, Potsdamer Güterbahnhof, Rangierbahnhof Tempelhof, usw. ersetzen sollten.

In Großbeeren sollten die aus Richtung Süden ankommenden Güterzüge aufgelöst und Nahgüterzüge zu den Güterbahnhöfen Berlins gebildet werden. Das gleiche galt für die aus Richtung Norden kommenden Züge. Dieser, als Ersatz für den Rangierbahnhof Tempelhof gedachte Rangierbahnhof in Großbeeren, war für eine Anfangsleistung von 3500 Wagen geplant. Später war auch eine Übernahme der Leistungen der Rangierbahnhöfe Schöneweide und Seddin vorgesehen, wobei die dafür erforderliche höhere Leistungsfähigkeit durch zwei weitere Ausbaustufen erreicht werden sollte. Großbeeren hätte dann eine tägliche Arbeitsleistung von 8000 Wagen erbringen müssen. Im Endausbauzustand sollte der Bahnhof vierzehn Einfahrgleise, 58 Richtungsgleise, eine 14gleisige Ausfahrgruppe Nord, eine elfgleisige Ausfahrgruppe Süd sowie vier Rangiergruppen für den Güternahverkehr besitzen. Die neue Ortsgüteranlage war bei der Ortschaft Großbeeren vorgesehen, in deren Nähe noch ein großes Bahnbetriebswerk (Bw Großbeeren) entstehen sollte.

Der Rangierbahnhof war an der Ostseite der Anhaltischen Bahn vorgesehen und sollte sich vom Bahnhof Teltow bis an den südlichen Rand des vorhandenen Bahnhofs Großbeeren auf etwa fünf Kilometer Länge erstrecken, seine größte Breite sollte etwa 500 Meter betragen. Der Güterverkehr von der Dresdener Bahn sollte über eine neu zu bauende Strecke von Zossen aus nach Großbeeren herangeführt werden.

Unmittelbar vor der Berliner Stadtgrenze, bei Sigridshorst, sollte nun der GAR verlaufen und die auf einem Bahndamm liegende Anhaltische Bahn mit ihren geplanten acht Gleisen (vier Fernreisezuggleise, zwei Güterzuggleise und zwei S-Bahngleise) unterqueren. Vier eingleisige Verbindungskurven sollten den Anschluß des GAR an die Anhaltische Bahn und damit auch an den Rangierbahnhof Großbeeren ermöglichen.

Die elektrische S-Bahn – so der Planungsentwurf – sollte über Lichterfelde Süd hinaus bis nach Trebbin führen. In diesem Planungsentwurf wurde auch die alte Forderung einer stadtnahen Anbindung der Stadt Teltow berücksichtigt. Diese neue S-Bahnstrecke sollte südwestlich von Lichterfelde Süd heraus abzweigen und über Teltow (Stadt) bis nach Stahnsdorf führen, um in den bereits bestehenden Bahnhof der – mittlerweile elektrisch betriebenen – Friedhofsbahn einzumünden. Die Reichsbahn besaß eine Option auf die südlich und westlich des zwischen der Potsdamer Allee und der heutigen Bergstraße gelegenen Teils der Stahnsdorfer Friedrich-Naumann-Straße liegenden Grundstücke. Im Zuge dieses Straßenabschnittes sollte die S-Bahnstrecke an den Bahnhof Stahnsdorf herangeschwenkt werden.

Zur Inbetriebnahme des Rangierbahnhofs in Großbeeren mußten neue, mehrgleisige Zulauf-

Reise ohne Wiederkehr? Foto: Sammlung Pfohl

strecken gebaut werden, unter anderem waren dies:
- ein Güterzuggleis von Tempelhof nach Großbeeren, das schnellstens fertiggestellt werden mußte, um es als Baubetriebsgleis nutzen zu können,
- der zweigleisige Ausbau der südöstlichen Güterumgehungsbahn von Michendorf nach Großbeeren, um die Verbindung zum Rangierbahnhof Seddin leistungsfähiger zu gestalten,
- die erwähnte Strecke von Zossen nach Großbeeren,
- der südöstliche GAR von Großbeeren über Lichtenrade nach Marzahn,
- sowie der südwestliche GAR von Großbeeren bis Stahnsdorf Süd mit einer Verbindung nach Potsdam.

Etwa ab Mitte Juni 1938 begannen die Erd- und auch Brückenarbeiten an diesen Strecken sowie in Großbeeren. Zu diesem Zweck wurde in Großbeeren unweit der an die Schlacht von Großbeeren (23. August 1813) erinnernden Bülowpyramide, nicht ganz einen Kilometer vom Ort entfernt, östlich der Anhaltischen Bahn gelegen, ein Arbeiterwohnlager durch die Organisation Todt (OT) und den Reichsarbeitsdienst (RAD) errichtet. Diese Maßnahmen begannen mit dem Verlegen von Feldbahngleisen für den Erdtransport auf dem dafür vorgesehenen Areal. Anschließend wurden zehn große Unterkunftsbaracken aufgestellt. Dieses Lager war nur über einen Feldweg zu erreichen. Ein Telefon und elektrische Beleuchtung waren der einzige Komfort, den dieses Lager zu bieten hatte. Das Arbeiterwohnlager Großbeeren wurde unter immer kleiner werdender Belegung aufgrund der immer höheren Zahl von Einberufungen zum Kriegsdienst bis 1942 als solches geführt. Danach sollte es eine neue Aufgabe erhalten.

Im Spätsommer 1939 war die Fläche des zukünftigen Rangierbahnhofes freigelegt, die Erdarbeiten für die erste Ausbaustufe waren fast abgeschlossen. Südlich von Lichterfelde Ost wurde damit begonnen, die Anhaltische Bahn hochzulegen und mehrgleisig auszubauen. Der Beginn des Krieges am 1. September 1939 brachte das vorläufige Aus für diese Arbeiten, die Vorhaben wurden kurze Zeit später in abgespeckter Form zum Teil weitergeführt. Der südöstliche GAR wurde nur in vereinfachter Form eingleisig errichtet, als vorläufiger GAR (vGAR) am 16. Dezember 1940 fertiggestellt und am 1. Januar 1941 dem Verkehr übergeben. Nichts tat sich mehr am südwestlichen GAR in Richtung Potsdam sowie auf dem Abschnitt von Zossen nach Großbeeren.

Der zweigleisige Ausbau der Güterumgehungsbahn von Michendorf nach Großbeeren konnte 1940/41 abgeschlossen werden, das zweite Gleis Stück für Stück in Betrieb gehen.

Obwohl mit Ausbruch des Krieges die Schließung des Rangierbahnhofs Tempelhof zu den Akten gelegt wurde, drängte man trotzdem zu seiner Entlastung auf eine schnellstmögliche Inbetriebnahme des Rangierbahnhofs Großbeeren unter Nutzung des freigelegten Planums als Hilfsrangierbahnhof. Dieser bestand aus fünf Einfahrgleisen und einer 14gleisigen kombinierten Richtungs- und Ausfahrgruppe. Dieser Hilfsrangierbahnhof Großbeeren war im Süden mit der Anhaltischen Bahn, der nach Michendorf/Seddin führenden Güterumgehungsbahn sowie im Norden mit dem südöstlichen vGAR und dem Baubetriebsgleis nach Tempelhof verbunden. Er ging ab August 1941 stufenweise in Betrieb, zum Fahrplanwechsel am 6. Oktober 1941 setzte das volle Rangiergeschäft ein.

Die von Tempelhof ausgehende Baubetriebsstrecke war bis Lichterfelde Süd eingleisig, der Rest der Strecke über Teltow bis Großbeeren zweigleisig gebaut. Das Baubetriebsgleis besaß in Lichterfelde Süd, Teltow und Großbeeren jeweils einen Baubetriebsbahnhof mit mehreren Gleisen.

An den Teltower Baubetriebsbahnhof war auch der vorläufige Ortsgüterbahnhof angeschlossen. In Teltow besteht diese Kombination aus Baubetriebsbahnhof und vorläufigem Ortsgüterbahnhof, von kleineren Umbauten im Laufe der Jahrzehnte einmal abgesehen, bis heute.

Auf dem Baubetriebsbahnhof in Teltow entstanden auch zwei neue Stellwerke, die Stellwerke aus früheren Jahren ablösten. Nördlich errichtete man das Stellwerk **Tlb** (**T**eltow B(**b**)aubetriebsbahnhof) und südlich in Richtung Großbeeren das Stellwerk **Tls** (**T**eltow S(**s**)üd). Beide waren als mechanische Stellwerke ausgeführt und besaßen ein Blockwerk der Einheitsbauart der Firma Orenstein & Koppel aus dem Jahre 1941. Splitterschutzräume stellten einen gewissen Schutz für die Eisenbahner, die auf den Stellwerken ihren Dienst verrichteten, dar. Eine Maßnahme, die sich als vorteilhaft erwies.

Der neue Ortsgüterbahnhof ersetzte den an der Westseite der Anhaltischen Bahn im Bahnhof Teltow gelegenen alten Güterbahnhof Teltow, der durch die in den Folgejahren vorgenommene Hochlegung der Anhaltischen Bahn aufgegeben werden mußte. Nach dem Endausbau des Rangierbahnhofs Großbeeren sollte der (endgültige) Güterbahnhof Teltow später nordöstlich von diesem entstehen.

Das Baubetriebsgleis wurde ab 1940 für den Baubetrieb in Richtung Großbeeren genutzt, der Güterverkehr muß regulär ab Inbetriebnahme des Hilfsrangierbahnhofes ab August 1941 aufgenommen worden sein.

Etwa ab Mitte 1938 begann man auch in Teltow mit dem Geländeerwerb für die Vorhaben der Reichsbahnbaudirektion. Diese Angelegenheit zog sich mitunter über einige Jahre hin, mit ein Grund dafür, daß einige Projekte nicht verwirklicht wurden. Im Stadtarchiv von Teltow fanden sich einige Unterlagen vom Januar und Mai 1944, die die Enteignung mehrerer Grundstücke dokumentieren. Es handelte sich dabei ausnahmslos um Grundstücke, die sich nahe der Anhaltischen Bahn befanden und deren Erwerb durch die Reichsbahn zur Ausführung ihrer Vorhaben unerläßlich war.

Im Fall des Ackerbürgers Gustav M. zum Beispiel begründete man die Enteignung mit dem „Gesetz über die Neugestaltung deutscher Städte" vom 7. Oktober 1937, der „Vierten Verordnung über die Neugestaltung der Reichshauptstadt Berlin" vom 30. Januar 1939 sowie der „47. Anordnung vom 18. Februar 1939 zur Durchführung des Gesetzes vom 4. Oktober 1939" in Verbindung mit dem „Gesetz über ein vereinfachtes Enteignungsverfahren" vom 26. Juli 1922.

Für eine Enteignung wurde natürlich eine Entschädigung gezahlt. Das Deutsche Reich (die Eisenbahnverwaltung) schlug entsprechend der Größe des zu enteignenden Grundstückes einen Preis vor, der hier 1,– Reichsmark pro Quadratmeter betrug. Der Landrat des Kreises Teltow, der die Funktion der Preisbehörde ausübte und gleichzeitig als Gutachter angehört wurde, hatte nichts einzuwenden. Seine Zustimmung erteilte er auch nur „mit Rücksicht auf die besonderen Verkaufsumstände und zur Vermeidung jeglicher wirtschaftlicher Härten (Betriebserschwernisse usw.) ... Bei Anwendung eines strengeren Maßstabes könne für das hier in Frage kommende Wiesenland im Höchstfalle nur ein Preis von 40 Reichspfennig je Quadratmeter zugestanden werden. Im übrigen sei das Gelände im Wirtschaftsplan der Stadt Teltow als Grünfläche ausgewiesen. Für eine Bebauung könne es nach seiner Lage und Beschaffenheit niemals in Frage kommen." Der Regierungspräsident, der als „Preisüberwachungsstelle" fungierte, gab ebenfalls seine Zustimmung.

Dazu kam noch die Entschädigung für den vorhandenen Aufwuchs, in diesem Falle handelte es sich um Erlen. Dafür erstellte der Gartenbaudirektor a. D. Otto W. aus Rehbrücke sein Gutachten, in dem er den Bewuchs mit 400 Reichsmark bewertete Somit erhielt der Ackerbürger Gustav M. für sein 10 090 Quadratmeter großes Grundstück samt Bewuchs eine Summe von 10 490 Reichsmark. Ab 1. Oktober 1938 wurde diese Entschädigungssumme mit 4 Prozent verzinst. Es ist anzunehmen, daß die Entschädigung nicht ausgezahlt, sondern auf einem Sperrkonto festgelegt wurde.

In der Enteignungssache des Fuhrwerkbesitzers Paul K. wurde der Reichsbahn ein durch die Enteignung wegfallender Komposthaufen berechnet, den sie mit 229,56 Reichsmark entschädigte.

Im Zuge der Hochlegung der Anhaltischen Bahn wurde auch ab Lichterfelde Ost der Bau eines eigenen Vorortgleispaares nach Ludwigsfelde vorangetrieben. Grund war der Berufsverkehr zu dem Daimler-Benz-Flugzeugmotorenwerk bei Genshagen. Die dafür notwendigen Enteignungen zogen sich bis 1944 hin. Durch den Krieg konnte dieses Projekt nicht als elektrische S-Bahn ausgeführt werden, sondern nur als Vorortstrecke mit Dampfbetrieb. Der Verkehr wurde am 9. August 1943 aufgenommen.

Die Kriegswirren dokumentiert auch der Schriftverkehr vom 20. August 1943, als die Reichsbahnbaudirektion dem Regierungspräsidenten in Potsdam die Planungsunterlagen für den Weiterbau der S-Bahn Lichterfelde Ost – Ludwigsfelde mit der Bitte um landespolizeiliche Begutachtung übersandte, im gleichen Schreiben aber mitteilte, daß die Bauarbeiten beendet sind und am 9. August mit Betriebsbeginn der Vorortverkehr bis Ludwigsfelde bereits aufgenommen sei. Die verspätete Abgabe der Planungsunterlagen wurde mit Personalmangel sowie „... mehrfacher auf Grund von Baueinschränkungsmaßnahmen erfolgter Planänderungen ..." begründet. Weiterhin beeilte man sich in dem Schreiben zu erwähnen: „Die verspätete Durchführung des Begutachtungsverfahrens ist nach der Verordnung über die Durchführung kriegswichtiger Bauvorhaben der Deutschen Reichsbahn vom 23.4.1940 des Ministerrats für die Reichsverteidigung zulässig."

Der Landrat des Kreises Teltow teilte in seinem Schreiben vom 29. November 1944 dem Teltower Bürgermeister mit, „... daß die landespolizeiliche Begutachtung der Pläne für die S-Bahn Lichterfelde Ost – Ludwigsfelde und die damit verbundenen Einsprüche bis zur Beendigung des Krieges zurückgestellt sind." Gleichzeitig wurden die Pläne für dieses Vorhaben, dessen Bau bereits begonnen hatte, für jedermann zur Einsicht öffentlich ausgelegt. Während der Auslagefrist wären (nachträgliche) Bedenken zum Bau dieser Strecke möglich gewesen.

Die weiteren Planungen beachtend, entstand in Lichterfelde Süd ein neuer S-Bahnhof mit zwei Mittelbahnsteigen. In Richtung Teltow, südlich der vorgesehenen Kreuzung der Anhaltischen Bahn mit dem GAR, wurde ein massives Überwerfungsbauwerk aus Stahlbeton geschüttet, das die Güterzuggleise vom Rangierbahnhof Großbeeren und dem südwestlichen GAR wie in einem Tunnel von Südosten nach Nordwesten durch den Bahndamm der Anhaltischen Bahn hindurch führen sollte.

Dieses Bauwerk war für die Teltower Eisenbahn von äußerster Wichtigkeit, mußte doch wegen der in Kürze erfolgten Hochlegung der Anhaltischen Bahn auch im Bereich des alten Bahnhofes Teltow und der damit verbundenen Aufgabe des alten Anschlusses an die Teltower Eisenbahn eine neue Anbindung geschaffen werden. Daher wurde als Ersatz ausgehend vom Baubetriebsbahnhof Teltow eine eingleisige Strecke neu errichtet, die östlich des neuen Bahndammes entlang bis zu diesem Überwerfungsbauwerk führte, unter Nutzung der nördlichen Durchfahrt die Anhaltische Bahn querte, um im Nordwesten nahe Seehof eine Spitzkehre zu erreichen, die einen dreigleisigen Bahnhof darstellte. Von dieser Spitzkehre aus verlief das Gleis nun westlich neben dem neuen Bahndamm, um nach Überqueren der Mahlower Straße und Weiterführung im Zuge der Bahnstraße, nun von Nordosten her kommend, das alte Stammgleis der Teltower Eisenbahn wieder zu erreichen.

Die Inbetriebnahme dieser neuen Anbindung muß ungefähr im Sommer 1942 erfolgt sein, erst im Anschluß daran konnte auf dem alten Bahnhof Teltow der Bahndamm geschüttet und der neue S-Bahnhof Teltow errichtet werden.

In diesem Zeitabschnitt bekam auch das schon erwähnte Arbeiterwohnlager in Großbeeren eine neue, unheilvolle Aufgabe. Die sich ständig verringernde Zahl der Bauarbeiter, die an den wichtigen Eisenbahnbauvorhaben arbeiteten, bedurfte dringend einer Aufstockung. Doch woher sollte der Ersatz kommen? Man fand ihn ganz schnell in den Reihen der politisch Andersdenkenden und auch zunehmend in den ab 1939 besetzten Gebieten.

In Großbeeren entstand ein „Arbeitserziehungslager" (AEL) als selbständiges Außenlager des AEL Wuhlheide. Das 37500 Quadratmeter große Areal in Großbeeren wurde mit Maschen- und Stacheldraht, der später noch durch einen elektrisch geladenen Zaun ergänzt wurde, eingezäunt. In den Jahren 1943/44 erfolgte eine Erweiterung. Die ersten Häftlinge trafen Anfang September 1942 ein. Zuletzt existierten zwanzig Unterkunftsbaracken für insgesamt etwa 1100 Häftlinge. Die Häftlinge wurden an Rüstungsbetriebe im Umkreis sowie an die Reichsbahn „vermietet". Für die jeweiligen Arbeitsstellen wurden im Lager Großbeeren Arbeitskommandos zusammengestellt. Für die Reichsbahn mußten sie Erdbewegungen, Strecken- und Gleisbauarbeiten, Anlegen von Bahndämmen sowie Betonierungsarbeiten ausführen. Es ist anzunehmen, daß sie auch den Bahndamm bei Teltow errichteten. Auch schon bevor es in Großbeeren ein Konzentrationslager gab, wurden Kriegsgefangene aus anderen Lagern für Bauarbeiten der Reichsbahn herangezogen. Der Teltower Kreiskalender von 1942 berichtet in dem Artikel „Verwaltungsarbeit im Landratsamt seit Kriegsbeginn" dazu: „Gewaltige Erdbeiten wurden zum Teil unter Einsatz von Kriegsgefangenen für den Verschiebebahnhof bei Großbeeren ausgeführt."

Das Lager stand unter Leitung von Gestapo-Angehörigen der Gestapoleitstelle Berlin. Die Bewachung der Lagerinsassen wurde von rund sechzig Mann gestellt, die aus den Reihen des Sicherheitsdienstes (SD) sowie der SS kamen. Sie wurden später durch sogenannte „Landesschützen" ersetzt.

Zu den – zumindest zu DDR-Zeiten – bekanntesten Personen, die in Großbeeren inhaftiert waren gehörten Peter Edel, Werner Seelenbinder und Robert Uhrig.

Am 19. April 1945, drei Tage vor dem Einmarsch der Roten Armee, setzte sich die Lagerführung ab, die Häftlinge waren frei. Nach dem Krieg wurde das Lager abgetragen.

Die „Bülowpyramide" in Großbeeren, in dessen Nähe sich das Konzentrationslager befand. Postkarte: Sammlung Pfohl

Ungefähr ab Jahreswechsel 1942/43 konnten die Fernreisezüge ab Lichterfelde Ost den neuen Bahndamm der zukünftigen Vorortbahn bis hinter Teltow benutzen; die alten Anlagen für den Personenverkehr in Teltow wurden geschlossen. Die Fernpersonenzüge hielten im Bahnhof Teltow am neuen, für die S-Bahn errichteten Mittelbahnsteig.

Zur gleichen Zeit wurde am Vorplatz des Bahnhofes Teltow an der Bahnstraße eine neue Abfertigungsbaracke errichtet. Der damalige Bürgermeister Pilling bemerkte in einem Schreiben an den Regierungspräsidenten in Potsdam vom 29. September 1943 dazu: „... Es ist auf dem der Stadt gehörigem Grundstück ein vorläufiges Empfangsgebäude errichtet worden, ohne daß ein Geländeerwerb stattgefunden hat oder um eine Zustimmung der Stadt nachgesucht wurde. Dasselbe gilt für den Zufahrtsweg zu dem Empfangsgebäude in km 14,268, der an die Bahnstraße angeschlossen wurde."

Gleichzeitig machte der Bürgermeister damals schon auf ein kommendes Problem aufmerksam, das bis vor wenigen traurige Jahren Realität war: „... Auch in km 13,628 bis km 14,172 ist zur Abführung des Wassers von der Mahlower Straßa und vom Tiefpunkt der Straßenunterführung eine Einleitung von Wassermengen vorgesehen und bedeutet eine zusätzliche Belastung des Zehnruthengrabens" ... „In km 14,175 ist die Mahlower Straße verlegt worden und unterführt. Es sind Einlaufschächte für das von der Straße und dem Bahnkörper herrührende Wasser angelegt und bitte ich, deren Unterhaltung und ordnungsmäßige Räumung der Reichsbahn aufzuerlegen." Die Situation wurde jedoch nicht geändert. Der Zehnruthengraben wurde in der Folge durch das abzuführende Niederschlagswasser immer stärker belastet, schon nach etwas kräftigeren Regenfällen staute sich das Wasser zurück, und blieb in der Senke der Bahnunterführung stehen.

Diesen Zustand kennen viele Teltower sicher noch aus eigenem Erleben, vielfach mußte die Teltower Feuerwehr ausrücken und das Wasser abpumpen, was öfter mit einer Sperrung der Mahlower Straße einherging und große Umwege für die Verkehrsteilnehmer bedeute.

Erst mit der Neuanlage des Bahndamms, der Begradigung der Mahlower Straße und der Erneuerung der Kanalisation war das Problem gelöst.

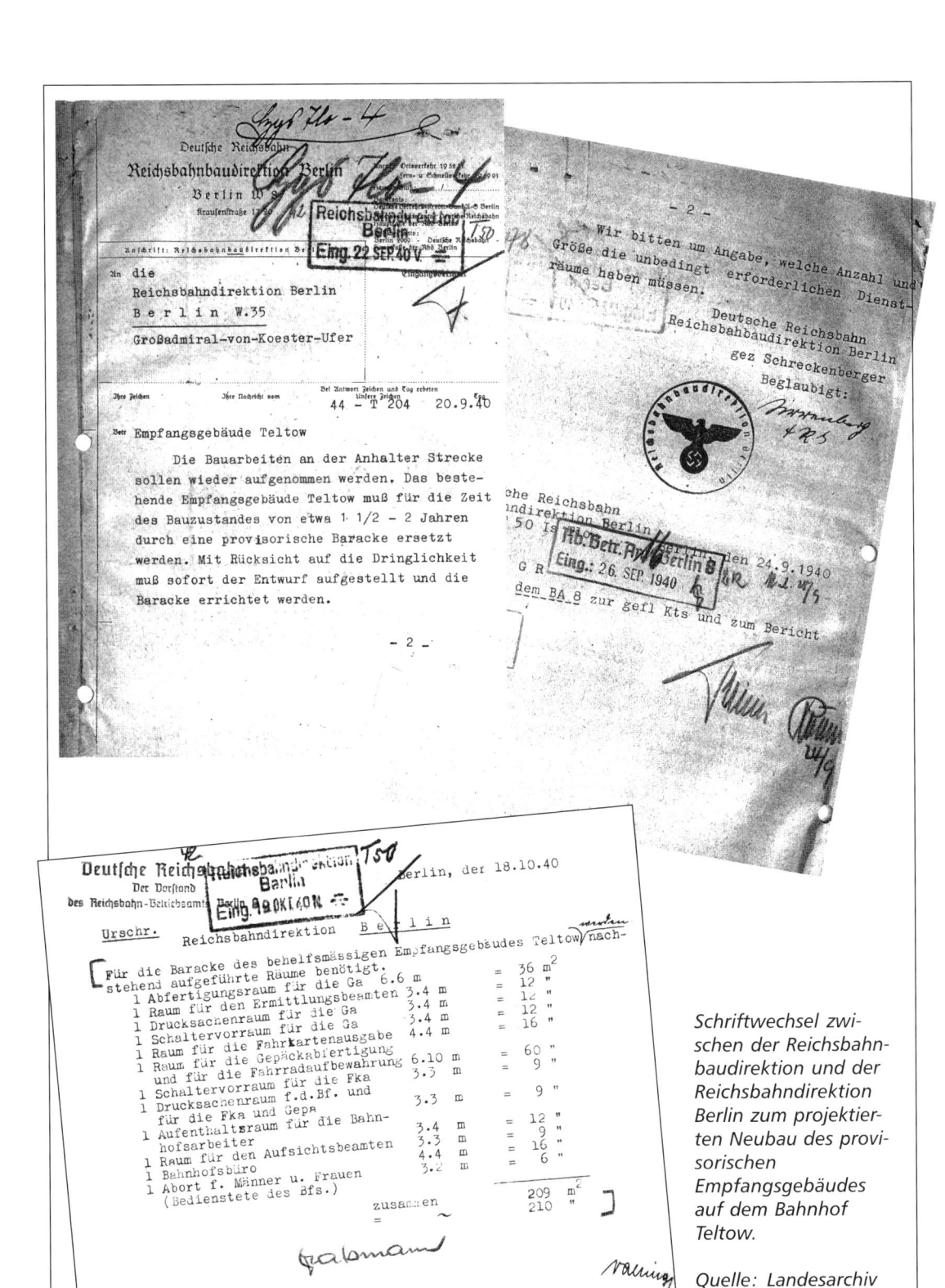

Deutsche Reichsbahn
Reichsbahnbaudirektion Berlin
Berlin W 8
Krausenstraße 17/20

An die
Reichsbahndirektion Berlin
Berlin W.35
Großadmiral-von-Koester-Ufer

Unsere Zeichen: 44 - T 204   20.9.40

Betr. Empfangsgebäude Teltow

Die Bauarbeiten an der Anhalter Strecke sollen wieder aufgenommen werden. Das bestehende Empfangsgebäude Teltow muß für die Zeit des Bauzustandes von etwa 1 1/2 - 2 Jahren durch eine provisorische Baracke ersetzt werden. Mit Rücksicht auf die Dringlichkeit muß sofort der Entwurf aufgestellt und die Baracke errichtet werden.

— 2 —

— 2 —

Wir bitten um Angabe, welche Anzahl und Größe die unbedingt erforderlichen Diensträume haben müssen.

Deutsche Reichsbahn
Reichsbahnbaudirektion Berlin
gez. Schreckenberger
Beglaubigt:

che Reichsbahn
ndirektion Berlin
50 Is   en 24.9.1940

dem BA 8 zur gefl Kts und zum Bericht

Deutsche Reichsbahndirektion Berlin
Der Vorstand des Reichsbahn-Betriebsamts

Berlin, der 18.10.40

Urschr. Reichsbahndirektion Berlin

Für die Baracke des behelfsmässigen Empfangsgebäudes Teltow werden nachstehend aufgeführte Räume benötigt.

Raum	Maße	Fläche
1 Abfertigungsraum für die Ga	6.6 m	= 36 m²
1 Raum für den Ermittlungsbeamten	3.4 m	= 12 "
1 Drucksachenraum für die Ga	3.4 m	= 12 "
1 Schaltervorraum für die Ga	3.4 m	= 12 "
1 Raum für die Fahrkartenausgabe	4.4 m	= 16 "
1 Raum für die Gepäckabfertigung und für die Fahrradaufbewahrung	6.10 m	= 60 "
1 Schaltervorraum für die Fka	3.3 m	= 9 "
1 Drucksachenraum f.d.Bf. und für die Fka und Gepa	3.3 m	= 9 "
1 Aufenthaltsraum für die Bahnhofsarbeiter	3.4 m	= 12 "
1 Raum für den Aufsichtsbeamten	3.3 m	= 9 "
1 Bahnhofsbüro	4.4 m	= 16 "
1 Abort f. Männer u. Frauen (Bedienstete des Bfs.)	3.2 m	= 6 "
zusammen		209 m² ~ 210 "

Schriftwechsel zwischen der Reichsbahnbaudirektion und der Reichsbahndirektion Berlin zum projektierten Neubau des provisorischen Empfangsgebäudes auf dem Bahnhof Teltow.

Quelle: Landesarchiv Berlin

Nachdem die alten Anhaltischen Ferngleise außer Betrieb genommen wurden, ergänzte man den Bahndamm soweit, daß die beiden Ferngleise darauf verlegt werden konnten. Südlich von Teltow wurde die Verbindung zu den dort im Niveau verbliebenen Ferngleisen über eine Rampe sichergestellt. Von Teltow über Großbeeren bis zur Kreuzung mit dem heutigen südlichen Berliner Außenring (SAR) war der Bahndamm bereits fertig, weiter südlich in Richtung Birkengrund Nord gingen die beiden auf dem Damm liegenden Vorortgleise in Niveauebene über. Ab Anfang August 1943 wurde der Fernpersonenverkehr von den Vorortgleisen genommen. Die elektrische S-Bahn fand ihren (vorläufigen) Endpunkt ab 9. August 1943 in Lichterfelde Süd. Dort bestand Anschluß an die Dampf-Vorortzüge nach Ludwigsfelde, die im Abstand von 30 bis 60 Minuten, bzw. zehn bis 20 Minuten im Berufsverkehr fuhren. Am selben Tag wurden die Haltepunkte Birkengrund Nord und Süd für den Werkpersonenverkehr zu den Daimler-Benz-Flugzeugmotoren-Werken eröffnet. Die Vorortzüge endeten in Ludwigsfelde in einem neuen Kopfbahnhof. Der 1. November 1943 brachte die Einbeziehung des Streckenabschnitts Teltow – Ludwigsfelde in den S-Bahn-Tarif mit sich.

Der nach einem Fliegerschaden wiederherzustellende Güterboden 1944. Quelle: Landesarchiv Berlin

5.2 Der Zusammenbruch bei Kriegsende

Der weitere Ausbau auf der Anhaltischen Bahn und ab November 1943 auch der allgemeine Verkehr wurde durch die einsetzenden Luftangriffe eingeschränkt, Betriebsunterbrechungen waren die Regel. Bombenschäden wurden zunächst noch eiligst beseitigt. Hier kamen wieder Häftlinge zum Einsatz, deren Arbeit auch für das Teltower Gebiet, beispielsweise im Großklärwerk in Stahnsdorf, dokumentiert ist.

Bei einem Fliegerangriff 1944 wurde der Güterschuppen mit dem Abfertigungsgebäude auf dem Bahnhof Teltow stark in Mitleidenschaft gezogen. Zur Aufrechterhaltung des Betriebes, war eine rasche Teilwiederinbetriebnahme notwendig, das geplante Aussehen ist aus der Zeichnung ersichtlich, die vom 12. April 1944 datiert ist.

Um den Zugverkehr einigermaßen zu gewährleisten, wich man auch auf den vGAR aus, dessen Bedeutung sprunghaft stieg. Die Deutsche Reichsbahn erwog deshalb noch 1944 den zweigleisigen Ausbau des vGAR, deren Arbeiten sich bis zum Kriegsende hinzogen. Verstopfte Strecken und Bahnhöfe durch zurückstauende Züge mit Rückführgut sowie Lokomotiven aus den durch die auf Berlin vorrückende Front hoffnungslos verlorenen Gebieten führten dazu, daß sich zum Kriegsende hin bald nichts mehr bewegte. Schwere Zerstörungen, wie die Sprengung der Teltowkanalbrücke in Lichterfelde, brachten den Eisenbahnverkehr auf der Anhaltischen Bahn völlig zum Erliegen. Es herrschte Chaos.

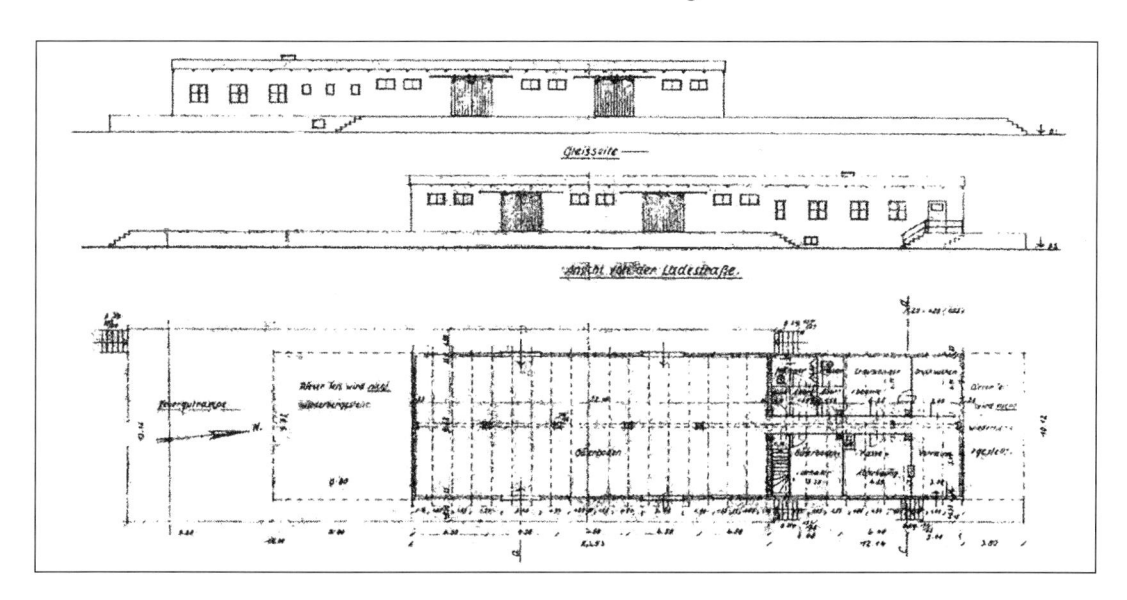

6. Der Neuanfang nach 1945

Der Zweite Weltkrieg hinterließ auf dem Gebiet des Eisenbahnwesens – so auch auf der Anhaltischen Bahn – eine Spur der Zerstörung. So wie vielerorts fanden sich auch hier die „Männer der ersten Stunde", die trotz der großen Zerstörungen eine rasche Wiederaufnahme des Bahnverkehrs zu ermöglichen versuchten. Die war jedoch auf absehbare Zeit ausgeschlossen. Die S-Bahnzüge konnten ab 15. August 1946 nach vorherigen Teilwiederinbetriebnahmen durchgehend von Potsdamer Platz bis Lichterfelde Süd verkehren, der Zugabstand konnte auf zwanzig Minuten verdichtet werden.

Rechtzeitig zu Weihnachten wurde am 24. Dezember 1945 der Vorortverkehr zwischen Lichterfelde Süd und Ludwigsfelde wieder aufgenommen, es fuhren sieben Dampfzugpaare täglich.

Nicht nur ehemalige Rüstungsbetriebe unterlagen zur Gewinnung von Reparationsgut der Demontage, auch viele Strecken in der Sowjetischen Besatzungszone verloren damals das zweite Streckengleis. Das betraf die Anhaltische Bahn, die Vorortbahn Lichterfelde Süd – Ludwigsfelde, die Baubetriebsstrecke Lichterfelde Süd – Großbeeren, den vGAR von Teltow in Richtung Altglienicke sowie die südliche Umgehungsbahn Seddin – Großbeeren.

An den nunmehr eingleisigen Strecken mußten die Bahnhöfe mit ihren verbliebenen Gleisen so umgebaut werden, daß Zugkreuzungen stattfinden konnten. Das betraf Gleisanlagen ebenso wie Sicherungstechnik. Auch der Hilfsrangierbahnhof

Der Vorortverkehr von Lichterfelde Süd nach Ludwigsfelde verzeichnete 1946/47 schon wieder zehn Zugpaare. Quelle: DR-Taschenfahrplan der Rbd Berlin, Kursbuchstelle. Gültig vom 4.11.1946 bis auf weiteres. Sammlung Pfohl

Halt! Nicht aufspringen wenn Befehlsstab gehoben! Es fahren noch mehr S-Bahn-züge zu Deinem Reiseziel!

Für Teltow galt diese Warnung nur bis zum 13. August 1961. Zeitgenössischer Hinweis im Kursbuch von 1954. Aus: Anlage zum Amtlichen Kursbuch der Deutschen Reichsbahn, Sommerfahrplan 1954. Sammlung Pfohl

in Großbeeren wurde vollständig demontiert, 1947 war nichts mehr von ihm zu sehen.

Ebenso problematisch war die Aufnahme des Fernverkehrs. Ab 16. Juni 1945 wurden erstmals Züge angeboten, die von Lankwitz aus in dreieinhalb bis vier Stunden Jüterbog erreichten. Ab Ende Juni 1945 gab es ein Personenzugpaar Lankwitz – Wittenberg.

Den Anhalter Bahnhof hatten die Fernreisezüge erst in den letzten Augusttagen 1945 als Ziel, der D 7 aus Bad Salzungen war der erste Zug, der am 21. August den Anhalter Bahnhof erreichte. Schritt für Schritt stieg nun die Zahl der Züge wieder an, gleichzeitig begann man das zweite Gleis aufzubauen, ab 19. Dezember 1950 war die Anhaltische Bahn von Wittenberg bis Jüterbog wieder zweigleisig befahrbar.

Die Aufnahme des Güterverkehrs erfolgte kurz nach Kriegsende. Transporte von Reparationsgut sowie Kohle aus Mitteldeutschland zur Versorgung der Bevölkerung und für die noch vorhandene restliche Industrie, bildeten den Hauptteil der transportierten Güter.

1947 war auch der Rangierbahnhof Tempelhof nach Beseitigung der Zerstörungen des Krieges wieder voll betriebsfähig.

Die Fernverbindungen vom Anhalter Bahnhof aus in Richtung Süden waren im gleichen Fahrplanabschnitt noch nicht so zahlreich. Quelle: DR-Taschenfahrplan der Rbd Berlin, Kursbuchstelle. Gültig vom 4.11.1946 bis auf weiteres. Sammlung Pfohl

Eisenbahnen in Teltow

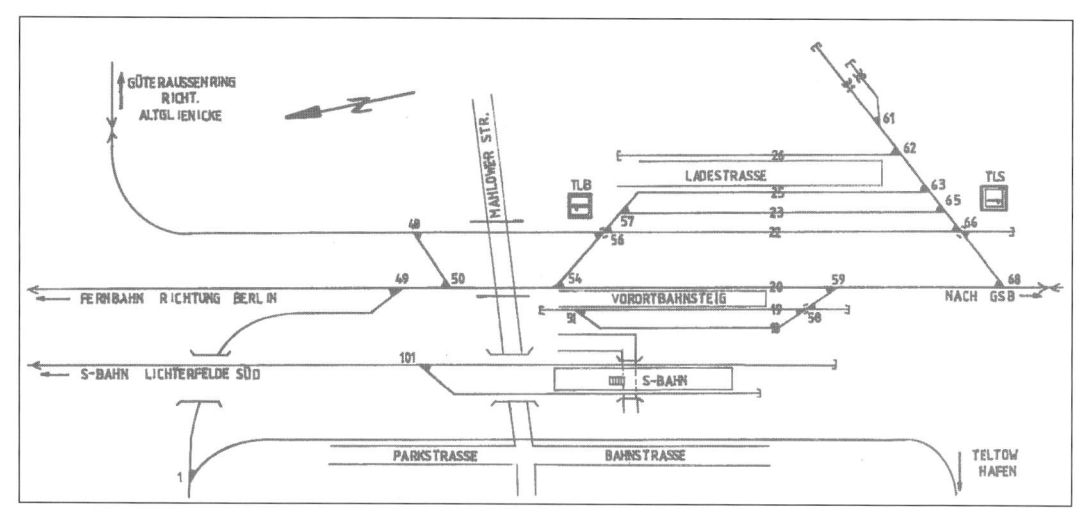

Gleisplan des Bahnhofs Teltow im Zustand von 1952 – 1961. Auf diesem Plan ist die Anbindung der Teltower Eisenbahn gut zu erkennen. Sie zweigte vom verbliebenen Fernbahngleis von und nach Berlin an der Weiche 49 ab, unterquerte das Gleis der S-Bahn, um nach Passieren der Weiche 1 den dreigleisigen Abstellbahnhof (nicht dargestellt) zu erreichen. Anschließend führte sie auf der anderen Seite des Bahndamms parallel zur Park- und Bahnstraße entlang südlich zum Teltower Hafen. Zeichnung Pfohl

Dieses Foto aus den 50er Jahren des vergangenen Jahrhunderts zeigt einen Personenzug nach Teltow am Vorortbahnsteig in Ludwigsfelde. Foto: Sammlung Ziggel

6.1 Abgrenzungsmaßnahmen um West-Berlin

Am 1. Mai 1950 trat ein Gesetz in Kraft, das Gütertransporte der DDR durch die Westsektoren Berlins untersagte. Auf manchen Strecken wurde daraufhin der Güterverkehr eingestellt, auf den verbliebenen aber fanden auf den letzten größeren Bahnhöfen Kontrollen statt. In diesem Fall war es Großbeeren, wo die Züge einen Kontrollhalt einlegen mußten. Die bisher Berlin durchfahrenden Güterzüge wurden – wenn nicht noch weiträumiger – zumindest über den vGAR von Teltow nach Altglienicke – Karow – Oranienburg umgeleitet. Die alte Anhaltische Bahn über Teltow – Lichterfelde Süd nutzten nur noch die Güterzüge, die Frachten für Bahnhöfe in den Westsektoren führten, sowie Leerwagenzüge.

Der Rangierbahnhof Tempelhof verlor einen Teil seiner Rangieraufgaben an die Rangierbahnhöfe Pankow und Schöneweide im Ostsektor Berlins sowie an Seddin. Da auch der vGAR auf drei Teilabschnitten den amerikanischen Sektor berührte, begann man am 1. November 1950 mit dem Bau einer neuen Umfahrungsstrecke, dem Berliner Außenring (BAR).

Anfang 1951 startete die Verlagerung des Fernreiseverkehrs aus den Westsektoren, der Berliner Ostbahnhof war jetzt neuer Abgangs- und Zielbahnhof. Die Fertigstellung des Südlichen Außenringes (SAR) brachte zum Fahrplanwechsel am 7. Oktober 1951 eine Verlegung von weiteren D- und Eilzügen vom Anhalter Bahnhof zum Ostbahnhof mit sich. Die noch verbliebenen Reisezüge hatten ab dem 4. Februar 1952 einen

Aus dem Amtlichen Taschenfahrplan der Rbd Berlin, Sommer 1958. Der Fahrplan zeigt den S-Bahn-Verkehr nach Bernau und den Vorortverkehr nach Ludwigsfelde. Interessant und als Abgrenzungsmaßnahme zu verstehen sind die Direktverbindungen Berlin-Lichtenberg – Ludwigsfelde und Berlin – Teltow. Sammlung Pfohl

Das provisorische Empfangsgebäude aus den 40er Jahren des vergangenen Jahrhunderts. Der Abriß hat begonnen. Die Aufnahme entstand etwa 1968. Foto: Gliemann

Kontrollhalt in Ludwigsfelde, Großbeeren oder Teltow einzulegen, bis mit Fahrplanwechsel am 18. Mai 1952 die Deutsche Reichsbahn die Westsektoren endgültig vom DDR-Verkehr abkoppelte. Auch den restlichen Verkehr, der bis dato noch im Anhalter Bahnhof abgefertigt wurde, verlegte man zum Ostbahnhof.

In der Folge wurde das nun nicht mehr benötigte Ferngleis von Großbeeren bis zur Stadtgrenze abgebaut. Das verbliebene frühere Baubetriebsgleis war mittlerweile die einzige Verbindung zwischen Lichterfelde Süd und dem Rest der Anhaltischen Bahn. Über sie verkehrten noch bis Mitte der fünfziger Jahre ab und an Leerwagenzüge vom Rangierbahnhof Tempelhof aus über die Stadtgrenze.

6.2
Teltow bekommt seinen S-Bahn-Anschluß
Um West-Berlin weiter zu isolieren, wurde das verbliebene Vorortgleis von Lichterfelde Süd bis Teltow für den elektrischen S-Bahn-Betrieb ausgerüstet. Der 2,6 Kilometer lange Abschnitt konnte am 7. Juli 1951 in Betrieb genommen werden. Durch die Erweiterung des elektrischen Betriebes bestand die Möglichkeit – so die Absicht – die Dampf-Vorortzüge in Teltow enden zu lassen. Die von Teltow kommenden S-Bahnen fuhren jeweils zu den Minuten 1, 21 und 41 ab Teltow nach Bernau.

Mit Aufnahme des elektrischen Betriebes nach Teltow gab es zunächst noch einen Mischbetrieb mit den dampfgeführten Vorortzügen nach Ludwigsfelde. Dazu war es aber erforderlich, den 20-Minuten-Takt der S-Bahn zu unterbrechen.

In Teltow wurde östlich des Bahndammes auf dem früheren Baubetriebsbahnhof ein neuer Vorortbahnsteig fertiggestellt, der am 25. August 1951 in Betrieb genommen werden konnte. Gleichzeitig schuf man mit den Gleisen 18 und 19 eine Umfahrmöglichkeit zum Umsetzen der Zuglokomotiven. Zum besseren Umsteigen zwischen S-Bahn und den Vorortzügen wurde im Frühjahr 1952 der vorhandene Tunnel von dem auf der Westseite des Bahndammes gelegenen Empfangsgebäude zum S-Bahnsteig weiter östlich vorgetrieben, so daß die Reisenden praktisch ohne größere Umwege auch den Vorortbahnsteig erreichen konnten. Im gleichen Jahr wurde das noch vorhandene Vorortgleis südlich von Teltow bis zur Kreuzung mit dem Südlichen Außenring demontiert, weil die Planung der damaligen Zeit, die S-Bahn bis nach Ludwigsfelde zu führen, nicht realisiert wurde.

So wurde der S-Bahnhof Teltow ein Kopfbahnhof mit zwei Stumpfgleisen am Bahnsteig, die in Richtung Lichterfelde, nördlich der Mahlower Straße an der Weiche 101 zusammenliefen. Zur Regelung der Zugfahrten war der Bahnhof mit Ausfahrformsignalen ausgerüstet.

Schwierig waren die Arbeiten der Bahnmeisterei Großbeeren im Bereich der noch offenen Grenze zu den Westsektoren Berlins. Die Grenzpolizei verweigerte damals schon öfter ihre Zustimmung,

Oben: Alter Treppenabgang vom Bahnsteig des auf dem Damm gelegenen S-Bahnhofs Teltow. Links: Der ehemalige Bahnsteig in Teltow, der bis zum Mauerbau von der elektrischen S-Bahn genutzt wurde. Heute findet man hier den neuen Regionalbahnhof. Fotos: Pfohl, Juni 1994

die für die Ausführung notwendiger Gleisbauarbeiten unerläßlich war. Das Protokoll der Arbeitsbesprechung am 11. November 1960 der Bahnmeisterei Großbeeren dokumentiert:

„... Durch die Anordnung der Grenzpolizei, daß wir den Schwellensatz für die Weiche 101 Tlo S-Bahn nicht zum Abladen über Lio fahren dürfen, mußten die Schwellen am Böschungsfuß in Tlo abgeladen werden und müssen nun eine sechs Meter hohe Böschung hinauf getragen werden ..."
Die daraufhin geführten Verhandlungen mit der Grenzpolizei und der Transportpolizei mündeten darin, daß die Rotte in dem Gleis arbeiten und das Gleis Teltow – Lichterfelde Ost nach eintägiger Voranmeldung bei der Grenzpolizei zum Materialtransport benutzen durfte.

Ab 1. Juni 1952 wurde den Bürgern der Berliner Westsektoren die Einreise in die DDR verboten. Alle Reisenden nach oder von Berlin mußten sich

Das kurz vor dem Mauerbau 1961 fertiggestellte, aber nie regulär in Betrieb genommene Unterwerk für die S-Bahn-Stromversorgung nahe dem ehemaligen S-Bahnhof Teltow. Nach dem Entfernen der elektrischen Ausrüstung wurde es als Lagergebäude genutzt. Foto: Pfohl, August 1998

Das Foto zeigt die Situation im Eisenbahnverkehr nach dem Mauerbau recht deutlich. Das S-Bahn-Gleis von Lichterfelde Süd nach Teltow ist unterbrochen und im Verlauf der Grenze demontiert. Auf dem verbliebenen Reststück von der Grenze zum Bahnhof Teltow ist die Stromschiene zwecks Materialgewinnung bereits abgebaut. Die im Bild unten sichtbare Dreiwegweiche gehörte zu den Kehr- und Umsetzanlagen des Bahnhofs Lichterfelde Süd.

Foto: Landesarchiv Berlin, nach 13. August 1961.

Kontrollen auf den letzten Bahnhöfen vor der Stadtgrenze – so auch in Teltow – unterziehen. Für die vielen Pendler, die ihren Arbeitsplatz in Berlin hatten, wurden diese Kontrollen bald zur (ungewollten) Normalität.

Für die Fahrstromversorgung der S-Bahn wurde noch 1961 ein neues Unterwerk in Teltow an der Westseite des Bahndamms an der Bahnstraße fertiggestellt, dessen technische Abnahme noch vor dem Mauerbau erfolgte, das aber nicht mehr regulär in Betrieb ging. Die für das Unterwerk erforderliche Hochspannung sollte aus dem Landesnetz entnommen werden.

Durch die Grenzsicherungsmaßnahmen am 13. August 1961 war ein S-Bahnzug in Teltow stehengeblieben, der in der Dunkelheit der Nacht vom 14./15. August von Teltow aus in die Betriebswerkstatt Nordbahnhof abgefahren wurde. Dazu war es erforderlich, das unterbrochene Gleis und die Stromschiene notdürftig herzurichten. Zur Durchführung dieser „Rückholaktion" soll im Unterwerk Teltow der Fahrstrom kurzzeitig zugeschaltet worden sein, damit der Zug aus eigener Kraft den gesperrten Grenzabschnitt befahren konnte.

Nach der Schließung der Grenzen wurde auch der Abschnitt von der Stadtgrenze bis zum S-Bahnhof Teltow recht schnell zwecks Materialgewinnung von den elektrischen Ausrüstungen der S-Bahn beräumt. Diese Teile brauchte man dringend, um Ersatzstrecken nördlich von Berlin für den elektrischen Betrieb herrichten zu können. Die Bahnstromanlagen aus dem Unterwerk in Teltow wurden für das später errichtete Unterwerk Mühlenbeck an der neuen S-Bahn-Strecke Blankenburg – Hohen Neuendorf verwendet.

6.3 Der Mauerbau 1961

Die Abgrenzungsmaßnahmen gegenüber den Berliner Westsektoren fanden in der Nacht vom 12. zum 13. August 1961 mit dem Bau der Mauer um West-Berlin ihren Höhepunkt.

Dieser Tatbestand hatte jedoch für die Anhalter Bahn kaum Auswirkungen, weil mit der Rückname des Reise- und Güterverkehrs aus den Westsektoren ohnehin schon eine Teilung stattfand. So bestand nur noch über das S-Bahn-Gleis, das ehemalige Baubetriebsgleis und das Gleis des vGAR eine Verbindung mit Berlin. Im Zuge des Mauerbaus wurden in jener Nacht auch diese Verbindungen unterbrochen, provisorisch gegen Grenzdurchbrüche gesichert und kurze Zeit später endgültig zurückgebaut.

Eine Zeitzeugin, die damals unweit vom S-Bahnhof Teltow wohnte, berichtete, daß sie durch die fehlenden Fahrgeräusche der S-Bahn und das Unterlassen von Lautsprecherdurchsagen wach wurde. Es mußte sich irgend etwas ereignet haben. Den Rest der Geschichte erfuhr sie später aus dem Radio.

Das typische Bild der Reisezüge bis zur Elektrifizierung. Die Lokomotiven der Baureihe 118 lösten die Baureihe 110 ab und die zwei- und dreiachsigen Rekowagen wurden durch die typischen Bghw-Wagen ersetzt. Foto: Schmidt

Die vielen Pendler, die ihre Arbeitsstelle in den Westsektoren hatten, waren über Nacht arbeitslos geworden und mußten sich nun neu orientieren. Statt der Durchfahrt durch die Westsektoren waren jetzt zeitraubende Umfahrungen notwendig.

In den siebziger Jahren des vergangenen Jahrhunderts wurde die zuletzt bis zum Mauerbau von den S-Bahn-Zügen nach Teltow befahrene Überführung der ehemaligen Vorortgleise der Anhalter Bahn über die nicht fertiggestellte S-Bahn-Strecke nach Teltow Stadt demontiert.

An einem dunstigen Morgen im Juni 1997 hat sich ein Triebwagen auf den Weg von Teltow nach Ludwigsfelde gemacht und passiert das Ausfahrsignal W von Gleis 20 des Bahnhofs Teltow. Foto: Pfohl

7. Die Rolle der Industriebetriebe in Teltow

Auch durch die Lage der Stadt Teltow am Rande Berlins begründet, gab es eine Pendlerbewegung in Richtung Berlin. Ungefähr 90 Prozent der Berufstätigen der Stadt arbeitete 1950 in Berlin. Als mit dem Bau der Mauer diese Beschäftigungsmöglichkeit abrupt wegfiel, fehlten für diese Menschen Arbeitsplätze in der Teltower Region.

Die Automatisierungsindustrie und die Elektronik wurden als Industriezweige in Teltow stark ausgebaut, waren bald Schwerpunkte der Wirtschaft. Die Stadt entwickelte sich immer mehr zu einem Industriegebiet. So kamen mehr als 90 Prozent aller Betriebs-, Meß-, Steuer- und Regel-Anlagen („BMSR-Anlagen") der DDR aus Teltow. Hohe Exportaufträge kennzeichneten die Produktion. Das Werk für elektronische Bauelemente „Carl-von-Ossietzky" (EBT; CvO) stellte sämtliche Elektrowiderstände für die DDR her. Das Geräte- und Reglerwerk Teltow, CvO und natürlich auch die anderen Teltower Betriebe, hatten einen großen Anteil am Aufbau der Wirtschaft der DDR. Und hier genauso wie anderswo, spielte die Eisenbahn als Bindeglied zwischen Produzent und Verbraucher eine sehr große Rolle.

7.1 Neue Aufgaben für die Industriebahn

Zum Ende des Krieges hin wurde der Eisenbahnbetrieb auf der Teltower Eisenbahn mit der Einnahme der Stadt durch russische Truppen am 22. April 1945 sofort eingestellt. Die Teltower Eisenbahn wurde von den russischen Streitkräften beschlagnahmt und für Beuteguttransporte aus den der Demotage unterliegenden Fabriken Teltows genutzt.

Laut einer Bestandsaufnahme waren folgende Verluste zu verzeichnen:
• rund 120 Meter Gleis waren zerstört,

Im Zeitraum zwischen 1960 und 1964 etwa dürften diese drei Fotos vom Überwerfungsbauwerk bei Sigridshorst entstanden sein. Trotz schlechter Qualität sollen sie dennoch wegen des Seltenheitswertes gezeigt werden. Bild links: Blick Richtung Südosten, der Zug kommt aus dem Übergabebahnhof und fährt zum Bahnhof Teltow. Bild Mitte: der gleiche einige Momente später. Bild rechts: eine andere Position in Blickrichtung Nordwesten. Der Zug kommt vom Bahnhof Teltow West und wird gleich den Übergabebahnhof erreichen. Der Zug muß umfahren werden, um dann auf dem in Höhe der Dampfwolken schwach erkennbaren Gleis die Anhalter Bahn zu unterqueren und weiter in den Bahnhof Teltow zu fahren.
Fotos (3): Sammlung Ziggel

- zwei O-Wagen und drei X-Wagen (Arbeitswagen) waren beschlagnahmt,
- die Fernsprechleitung war an mehreren Stellen unterbrochen,
- aus der Werkstatt waren sämtliche Transmissionsriemen zum Antrieb der Maschinen, Öl, Werkzeug und etwa 30 Tonnen Kohle beschlagnahmt worden,
- weiterhin wurden 24 neue Weichenschwellen beschlagnahmt,
- das Schicksal der sich seit Mitte Januar 1945 im Ausbesserungswerk Jauer befindlichen Lok 21 ungewiß.

Am 11. August 1945 teilte die Allgemeine Deutsche Eisenbahngesellschaft (ADEG) der RBD Berlin mit, daß die gesamte Strecke befahrbar sei, die Betriebsaufnahme – für die die Genehmigungen des russischen Kommandanten und des Landrats in Teltow schon vorlagen – aber erst möglich sei, wenn die Reichsbahn die Güterbeförderung wieder aufnimmt. Am 20. August war es dann soweit: der Eisenbahnverkehr konnte mit sieben Beschäftigten wieder aufgenommen werden. Er wurde aber zunächst nur bedarfsweise, aufgrund des schwankenden Verkehrsaufkommens, bis etwa zum Jahreswechsel durchgeführt. Der öffentliche Güterverkehr erholte sich nur langsam von den Folgen des Zweiten Weltkrieges.

75 Prozent des Gesamtverkehrs auf der Teltower Eisenbahn entfielen auf die Bedienung des ehemaligen Zeugamtes, in dem die russische Armee ein sich ständig vergrößerndes Magazin mit Waren aller Art einrichtete, während die Biomalz-Fabrik vorrangig für die Versorgung der Bevölkerung arbeitete. Der Betrieb in der ehemaligen Heeresverpflegungsanlage auf dem Speichergelände kam nach Kriegsende fast zum Erliegen. Auf dem Hafenbahnhof an der Oderstraße fand kein Umschlagverkehr statt, weil der Schiffsverkehr auf dem Teltowkanal unterbrochen war.

Die Demontage von Gleisanlagen in der Sowjetischen Besatzungszone (SBZ) nach 1945 betraf auch den Bahnhof Teltow; besonders die Anbindung der Teltower Eisenbahn. Die Gleisanlagen wurden bis zum Kilometer 0,95 am Großbeerener Weg abgebaut. Die Reichsbahn baute auf eigene Kosten eine Ersatzstrecke, die die Teltower Eisenbahn kostenlos nutzen durfte.

Der Bestand an rollendem Material wies am 1. Januar 1946 folgende eigene Fahrzeuge auf:
- zwei Post-/Gepäckwagen,
- ein Kesselwagen,
- ein X-Wagen (Arbeitswagen).

Die Teltower Eisenbahn hatte zum selben Zeitpunkt einen Personalbestand von acht Beschäftigten, der sich wie folgt aufteilte:

Verwaltung:
1 Angestellter
Bahnhofspersonal:
1 Arbeiter
Zugbegleitpersonal:
2 Angestellte
Lokpersonal:
1 Angestellter, 1 Arbeiter
Bahnunterhaltung:
1 Angestellter
Werkstatt:
1 Angestellter

Der Zustand der Industriebahngleise verschlechterte sich von Jahr zu Jahr. Im Protokoll der Arbeitsbesprechung der Bahnmeisterei Großbeeren vom

Blick vom Stellwerk Tls auf die Gleisanlagen des Bahnhofs Teltow. Die Verbindungskurve nach Teltow West ist neu (erkennbar am noch hellen Schotter), auch am frisch abgetragenen Bahndamm der Vorortstrecke (links hinter der Baumreihe) sind die Bauarbeiten noch erkennbar. Noch nicht wieder aufgebaut war zum Zeitpunkt der Aufnahme Gleis 21. Dafür gab es damals Gleis 23 (auf dem Bild rechts stehen dort Güterwagen). Heute befindet sich hier die Ladestraße des Bahnhofs. Die doppelte Kreuzungsweiche (unten im Bild) verschwand später. Foto: Sammlung Ziggel

11. November 1960 heißt es: „... Im Gleis Tlo – Tlw nimmt die Betriebssicherheit weiter ab. Von km 4,0 bis 5,5 ist die Stoßlage vollkommen unbefriedigend. In den Kurven beträgt die Spurerweiterung 20 – 30 mm. In den Bögen vor und hinter der Kehre teilweise bis 35 mm ...". Jetzt begann endlich das dringend notwendige Durcharbeiten des Gleises mit gleichzeitigem Umbau auf S 49-Schienen.

Im Oktober 1963 hatte sich die Streckenmeisterei Teltow zum Ziel gesetzt:
- 650 Meter Gleisauswechslung Gleis 20 im Bahnhof Teltow,
- 1240 Meter Fertigstellung des Gleises Teltow – Teltow West,
- Gleisauswechslung im Bereich des Überwegs der Potsdamer Straße.

1964/65 wurde die Spitzkehre nördlich des Bahnhofs Teltow aufgegeben, sicherlich spielte die Nähe zur Grenze West-Berlins eine wesentliche Rolle. Als Ersatz schuf die Reichsbahn eine neue Anbindung an die südlichen Anlagen des Bahnhof Teltow. Dazu mußte der ungenutzte Bahndamm der Anhaltischen Bahn aufgeschlitzt werden. Ein Stück weiter westlich des Schwarzen Weges trifft die Bahn seitdem wieder auf ihre alte Trasse.

In den sechziger Jahren des vergangenen Jahrhunderts waren drei Nahgüterzüge täglich aufzulösen und neu zu bilden. Dazu kamen gelegentlich Kieszüge, die als Bedarfszüge direkt bis Teltow West durchfuhren und meistens mit einer Lok der Baureihe 52 bespannt waren. Einmal wöchentlich erreichte ein Getreidezug aus Hamburg Hafen, der für das Kraftfuttermischwerk bestimmt war, die Teltower Gleise. Die Vereinigten Asphalt- und Teerprodukten-Fabriken (VAT) hatten von März bis November täglich einen etwa 1300 Tonnen schweren Kesselwagenzug im Ausgang.

Seit Mai 1982 erfolgte die Zuführung der für Teltow West bestimmten Wagen nicht mehr von Großbeeren aus, sondern von Teltow. Ab 1. Juli 1982 war der Bahnhof Teltow West dem Bahnhof Teltow unterstellt, bis er am 9. Mai 1989 von der Anschlußbahn der Elektronische Bauelemente CvO Teltow (EBT) übernommen wurde.

Sonderzüge, wie Kieszüge für das Betonwerk Teltow zum Beispiel, wurden wegen der vorgeschriebenen Höchstlast von 800 Tonnen für die Baureihe 106 auf der Strecke nach Teltow West entweder geteilt oder mit Hilfe der Teltomat-Werklok (Baureihe 106) im Ganzen befördert. Dabei befand sich die Teltomat-Lok meist an der Spitze des Zuges, die Reichsbahnlok schob nach. In diesem Falle spannte die Teltomat-Lok im GRW-Gelände vor der Kreuzung Warthe-/Oderstraße ab und fuhr in Richtung Kraftfuttermischwerk LFM) beiseite. Die Reichsbahnlok drückte den Zug weiter bis zum Betonwerk und verteilte die Wagen auf den beiden Ladegleisen.

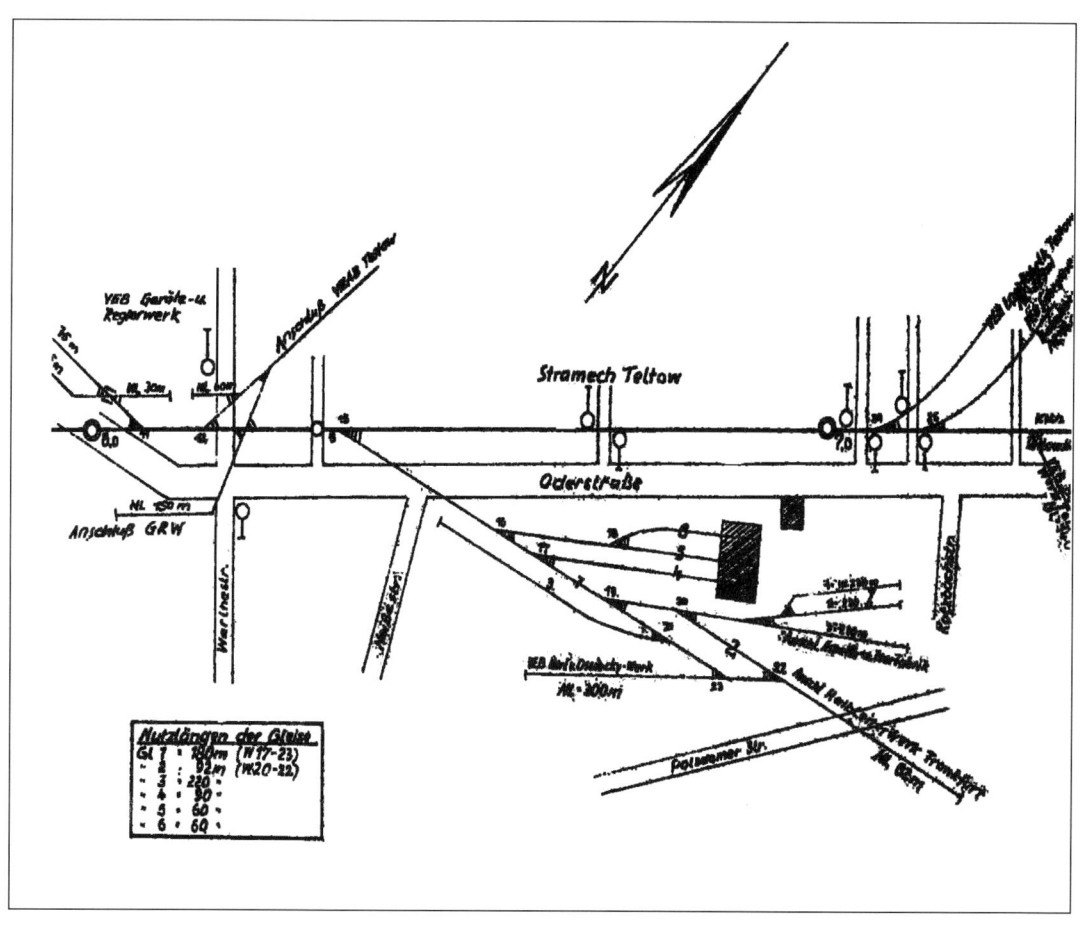

Während zuerst alle Anschlüsse durch die Deutsche Reichsbahn bedient wurden, gab es später einen Vertrag, in dem geregelt war, daß die Teltomat-Anschlußbahn die Bedienung der Anschlüsse GPG „Immergrün", „Luft oben", ZHW und BMK Ost sowie natürlich ihres eigenen Anschlusses übernahm. Genauso sollte es sich mit den anderen Anschließern in Teltow West verhalten. Die Reichsbahn fuhr die Frachten bis auf das KFM-Gelände, die KFM-Lok übernahm die eigenen und die für GHG Haushaltwaren bestimmten Wagen. Die Reichsbahnlok stellte die Wagen für die Lackfabrik, das CvO-Heizwerk und für das Energiekombinat beiseite, die dann von der CvO-Lok abgeholt und zugestellt wurden. Mit den abgehenden Wagen (Ausgang) wurde in umgekehrter Weise verfahren. Die Reichsbahn stellte dann nur die Wagengruppen zusammen und brachte sie zum Bahnhof Teltow. Bei dem hohen Transportaufkommen, das damals durch die Deutsche Reichsbahn zu bewältigen war, und durch häufige Rangierfahrten der anderen Anschlußbahnen war gerade die Kreuzung Warthe-/Oderstraße des öfteren „dicht".

Entwicklung der Anschließer

Firma List, Dr. Hell und Askania
Aus den Firmen List, Dr. Hell und der sich später (1946) hier niedergelassenen Askania Feinmechanik und Optik GmbH entstand im Laufe der Zeit der VEB Geräte- und Reglerwerke Teltow (GRW). Dieser Betrieb spezialisierte sich auf die Automatisierungstechnik, Anlagen der Betriebs-, Meß-, Steuer- und Regeltechnik waren die Haupterzeugnisse. 1963 errichtete man ein Ölheizwerk, das an der Westseite der ehemaligen NARAG-Halle lag. Zur Versorgung des Heizwerkes wurden vierachsige Kesselwagen mit Heizöl zugestellt. Die Verladung der Erzeugnisse des GRW erfolgte meist an der Rampe des Versandgebäudes, das sich ungefähr in der Lage der ehemaligen Firma Dr. Hell befand.

Biomalzfabrik Gebrüder Patermann
Die Biomalzfabrik der Gebrüder Patermann begann sofort nach Kriegsende mit der Produktion von Lebensmitteln für die notleidende Bevölkerung. Nach der Verstaatlichung des Betriebes war die Biomalzfabrik Hersteller von Backmitteln, Bonbons und später auch Speiseeis. Jedoch auch Malzextrakt wurde weiterhin produziert. Das Malz, sowie Kalk als Grundstoff für die Herstellung wurde in Schwenkdachsilowagen der Gattung Tdgs angeliefert. Das Werk wurde reprivatisiert, der Eisenbahnverkehr eingestellt.

⇩ *Gleisanlagen der Biomalzfabrik. Die Drehscheibe sowie die Weiche ganz links wurden später abgebaut, es gab somit dann nur noch ein Anschlußgleis. Zeichnung (unmaßstäblich) Pfohl*

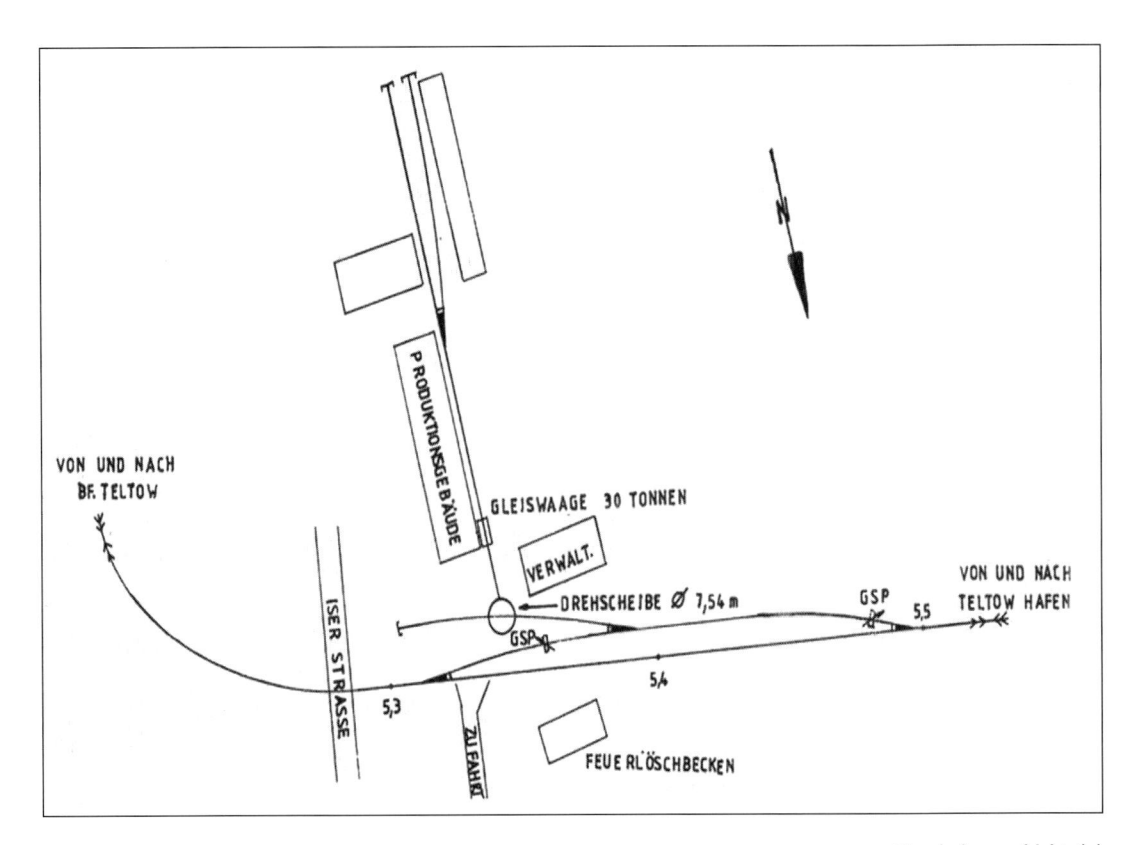

Lok 64 475 vom Bw Jüterbog fährt von der Spitzkehre kommend nach Teltow West. Sie hat die Kreuzung Bahnstraße/Mahlower Straße passiert. Foto: Sammlung Ulrich

Lok 89 6104 um 1950 auf dem Betriebsbahnhof Teltow West. Rechts der Wellblechschuppen aus den zwanziger Jahren. Foto: Sammlung Ulrich

Die EBT-Werklok schiebt einige vierachsige Ea-Wagen mit Kies in Richtung Betonwerk Teltow.

Foto: Guther, August 1988

Parfümfabrik Gustav Lohse

Die Produktion der Parfümfabrik Gustav Lohse lief bis etwa 1952, anschließend nutzten Abteilungen des Geräte- und Reglerwerkes Teltow und des VEB Werk für Bauelemente der Nachrichtentechnik „Carl von Ossietzky" die Gebäude. Ein regulärer Eisenbahnverkehr findet nicht mehr statt, nur noch fallweise erreichte ab und zu ein einzelner Kesselwagen mit Heizöl das Werktor.

Dralowid-Werk

Das ehemalige Dralowid-Werk begann nach Kriegsende mit der Produktion von Widerständen. 1953 erhielt es den Namen VEB Werk für Bauelemente der Nachrichtentechnik „Carl von Ossietzky". Das CvO besaß eine eigene Werklokomotive V 22 (Baureihe 102) und führte auf dem Bahnhof Teltow West einen Anschlußbahnbetrieb durch. Ihr oblag die Bedienung des werkeigenen Heizhauses,

Das Wohnhaus auf dem ehemaligen Bahnhof Teltow West existiert noch heute.
Foto: Guther, Januar 1993

zwischen Oderstraße und dem Bahnhof gelegen, mit dem Zustellen von zweiachsigen offenen E-Wagen mit Rohbraunkohle, die Bedienung der Lackfabrik sowie des Anschlusses des VEB Energiekombinat Potsdam. Nach 1992 wurde der Anschlußbetrieb eingestellt, alle Anlagen und Gleise wurden beseitigt.

Speichergelände
Nach dem Krieg nutzten mehrere Firmen das Gelände der ehemaligen Heeresverpflegungsanlage. Die Großhandelsgesellschaft (GHG) Haushaltwaren nutzte die ehemaligen Rauhfutterscheunen und richtete sie für ihre Zwecke her. 1959 wurde das Futtermittelwerk gegründet, das ab diesem Zeitpunkt alle Boden- und Zellenspeicher beanspruchte. Die zur Herstellung des Mischfutters erforderlichen Rohstoffe kamen größtenteils per Bahn. Der Eisenbahntransport besaß einen Anteil von 80 Prozent am Gesamtverkehrsaufkommen.

Lok 106 602 hat den Ausgang aus Teltow West am Haken und erklimmt die Steigung des „Töpperberges" zwischen Iserstraße und dem Bahnhof „Luft oben". Foto: Guther, März 1987

Die Anlieferung von Getreide erfolgte in Tdgs-Wagen, die sowohl in Ganzzügen wie auch in Einzelzuführungen bereitgestellt wurden.

Auf dem Gelände gab es eine dreigleisige Aufstellgruppe mit Umfahrungsmöglichkeit. Das Kraftfuttermischwerk (KFM) besaß zwei eigene Loks der Baureihe V 15 (Baureihe 101) und übernahm gelegentlich auch die Zustellung der für die GHG Haushaltwaren bestimmten Wagen.

Auf dem Gelände besaß die Firma Agrotechnik eine Entlademöglichkeit an einem Ausziehgleis am Teltowkanal. Sie erhielt ab und an Wagen zur Be- und Entladung von Landmaschinen und -teilen bereitgestellt. Ende 1992 wurde das KFM geschlossen, der Eisenbahnbetrieb eingestellt.

Einen Teil der Boden-und Zellenspeicher baute man nach 1992 zu Wohnungen um bzw. aus, die Rauhfutterscheunen riß man ab. Nur noch ein par Gleisreste vor dem Gleistor an der Kreuzung Warthe-/Oderstraße künden vom einstigen Eisenbahnverkehr.

Vereinigte Asphalt- und Teerprodukten Fabriken (VAT)
Ab 1945 begann wieder die Produktion von Kaltasphalt, Kaltteer und Verschnittbitumen, 1954 von Straßenbaubindemitteln. Der Rohstoff Bitumen wurde per Bahn aus Gölzau, Espenhain und Rositz angeliefert. 1981 stellte man die Produktion ein, das Werk wurde stillgelegt. Auch die Anschlußbahn wurde stillgelegt, die Anlagen auf dem ehemaligen Bahnhof Teltow West wurden später von der Anschlußbahn des Werkes VEB Elektronische Bauelemente Teltow (CvO) übernommen.

Lackfabrik Lüdicke
Die ehemalige Lackfabrik Lüdicke ging 1948 in Volkseigentum über. Kunstharz- und Nitrolacke für den Schiffsbau waren zunächst die Spezialität der Lackfabrik Teltow. In den sechziger Jahren des vergangenen Jahrhunderts straffte man das Produktionsprogramm, ab 1968 wurden nur noch Schiffsboden- und Chlorkautschuklacke produziert, ebenso Leichtmetallgrundierungen, Bootslacke sowie Lacke für Kesselwagen. Die Grundstoffe für die Lackherstellung bezog man in Kesselwagen aus Bitterfeld, Buna und Leuna. Farbpigmente kamen in gedeckten Wagen aus Fürstenwalde, Bernsdorf und Ohrdruf. Etwa 2000 Tonnen Anstrichmittel wurden jährlich exportiert. Die Produktion und damit auch der Eisenbahnbetrieb endeten im Jahre 1992.

Anschluß Energiekombinat Potsdam
Der Gleisanschluß des ehemaligen Bauhofs der Teltow-Werft wurde nach dem Krieg vom VEB Energiekombinat Potsdam als Lagerplatz für Kabeltrommeln und andere Teile genutzt. Die Bedienung erfolgte in unregelmäßigen Abständen nach Bedarf und endete spätestens mit der Einstellung des Eisenbahnbetriebes nach Teltow West.

Ostsee-Holzindustrie und Bau-A.G. und Berliner Bausteinwerke
Ab 1952 lief die Produktion bei den Berliner Bausteinwerken GmbH wieder an, 1955 wurde der Betrieb verstaatlicht und nannte sich nun VEB(K)

*Am 11. März 1991 wurde ein Ganzzug im Betonwerk Teltow zur Entladung zugestellt. Die Gebäude im Hintergrund gehörten bis 1945 den Berliner Physikalischen Werkstätten. Zu DDR-Zeiten war dort der Zähler- und Apparatebau Teltow (ZAT) ansässig.
Foto: Guther*

Betonwerk Teltow. Segmentsteine für Klärgruben, Transportbeton, Betondeckenteile und Stahlbetonhohldielen („Stoltedielen") waren die Haupterzeugnisse dieses Werkes. Auch hier wurden große Teile des Transportes über die Eisenbahn abgewickelt. So kamen Kies in vierachsigen offenen Ea-Wagen und Zement in Silowagen der Gattungen Ucs und Ucv. Die Stahlbetonhohldielen verlud man auf sechsachsige Niederbordwagen der Gattung Sa. Nach der Wende siedelten sich drei Firmen auf dem Gelände an, einzig die Firma Klösters Baustoffwerke GmbH & Co. KG war an einem Eisenbahntransport von Baustoffen auch nach der Stillegung der Anschlußbahn interessiert und entlädt heute hin und wieder Kieszüge auf dem Bahnhof Teltow.

Gelände des ehemaligen Luftnachrichtenzeugamtes

Die sowjetische Besatzungsmacht nahm gleich nach ihrem Einmarsch in Teltow das Gelände in ihren Besitz und richtete dort ein Lager für alle möglichen Gegenstände sowie Lebensmittel ein. Daran änderte sich bis zum Abzug der sowjetischen Truppen aus Deutschland nichts. Doch auch die Nationale Volksarmee (NVA) richtete dort ein

Die EBT-Werklok verläßt am 26. August 1988 das Betonwerk Teltow mit dem Wagenausgang.

Foto: Guther

Lokschuppen auf dem Betriebsbahnhof Teltow West. Er wurde von der Anschlußbahn des ehemaligen Werkes für Elektronische Bauelemente (EBT) genutzt. Foto: Guther, Januar 1993

Die Teltomat-Werklok überführt einen E-Wagen zum Bahnhof Teltow. Der Rangierer verläßt hier die Lokomotive, um die Wegübergangssicherung Ruhlsdorfer Straße einzuschalten. Foto: Guther, März 1987

Lager ein. Über die Anlieferungen ist nicht viel bekannt, es trafen meist gedeckte Wagen sowie E-Wagen mit Kohle ein. Ein Transportgut jedoch war offensichtlich: Häufig trafen Gbs-Wagen ein, die am „Versand rechts" zur Entladung bereitgestellt wurden. Deren Inhalt waren Bettgestelle, die aufgrund der Vielzahl nicht alle in der Halle Platz fanden und somit auch im Freien gelagert werden mußten. Böse (Eisenbahner-)Zungen behaupteten deshalb, daß man wohl noch hundert Jahre hier bleiben wolle... Nun, sie gingen doch. Die von ihnen genutzten Gebäude verfallen zwar seit dem Abzug zum Teil weiter, werden aber umgebaut und vermietet werden.

Die von der NVA genutzten Hallen und Gebäude übernahm die Bundeswehr. Seitdem der Eisenbahnbetrieb bei Teltomat seinen Endpunkt hat, sind die verbliebenen Gleise auf dem Gelände des ehemaligen Luftnachrichtenzeugamtes ohne Anbindung.

Zentrales Heizwerk (ZHW)

Das Zentrale Heizwerk entstand 1983 auf dem Gelände zwischen Teltomat, der Industriebahn und dem Ruhlsdorfer Weg. Mit der Fertigstellung konnte das Ölheizwerk auf dem GRW-Gelände aufgegeben werden.

Gleismäßig wurde es am Anschlußgleis von Teltomat sowie am Zweiggleis zum BMK Ost/ Klärwerk Stahnsdorf angeschlossen. Es existierten zwei Gleise, die links und rechts vom Kohlebunker lagen. Die Entladung erfolgte mit einem Portalkran.

Fast täglich wurden Wagen mit Rohbraunkohle zur Entladung bereitgestellt. Mit der Schließung des GRW wurde auch das ZHW überflüssig, Abriß und Demontage der Gleise folgten.

Klärwerk Stahnsdorf

Auf den Schlammtrockenplätzen fand bis Anfang der sechziger Jahre die Verladung von getrocknetem Klärschlamm in Eisenbahnwaggons statt, danach wurde die Anlage aufgegeben. Reste davon existieren heute noch.

Die unmittelbar auf dem Gelände des Klärwerkes gelegenen Gleisanlagen, die noch aus der Bauphase stammten, wurden nach dem Krieg zurückgebaut. Lediglich ein Gleis blieb erhalten, das etwa 1988 erneuert wurde, als man eine Entladeanlage für Eisensulfat baute (Eisensulfat ist als chemischer Zusatz für den Klärprozeß des Abwassers erforderlich). Die Entladung sollte durch einen Portalkran erfolgen, für den Verschub der Wagen gab es ein über eine Seilanlage zu bedienendes Rangiergerät. Die Entladeanlage ging nur probeweise in Betrieb, im Frühjahr 2000 wurde sie demontiert.

Bau- und Montagekombinat Ost (BMK Ost)

Das BMK Ost siedelte sich zwischen dem Ruhlsdorfer und dem Schenkendorfer Weg an. Das auf die Schlammtrockenplätze des Klärwerkes führende Gleis verlief quer durch das Gelände, und erfuhr so eine neue Nutzung für Transporte. Transportgüter waren Zement in Silowagen der

Das mittlere Gleis führte zum Zentralen Heizwerk (ZHW), rechts im Hintergrund sind Schornstein und Portalkran für die Entladearbeiten zu sehen. Das Heizwerk selbst ist bereits stillgelegt. Die Aufnahme entstand am 30. März 1994. Foto: Guther

Gattungen Ucs und Ucv, ebenso Kies in Ea-Wagen im Eingang, sowie Betonfertigteile auf Sa-Wagen im Versand.

Heute hat die Firma Hochtief das Gelände übernommen. Ein Eisenbahnverkehr findet seitdem nicht mehr statt.

Curt von Grueber Maschinenbau

Die ehemalige Maschinenfabrik Curt von Grueber enteignete man im Jahre 1948 entschädigungslos. Als Folgebetrieb entstand der „VEB Hartzerkleinerungsmaschinen TELTOMAT", mit einem Produktionsprogramm von Straßenbaumaschinen, Steingewinnungsmaschinen sowie Luftstrommahlanlagen zur Produktion von Kohlenstaub. Für die umfangreichen Rangieraufgaben innerhalb des Betriebes und später auch zur Bedienung anderer Anschlüsse, entwickelte sich eine Anschlußbahn mit eigener Betriebsführung, die insgesamt drei eigene Lokomotiven besaß. Dabei handelte es sich um eine Kleinlok der Leistungsklasse II (Kö II) sowie eine V 22 (Baureihe 102). Später gesellte sich noch eine Lok vom Typ V 60 dazu, die die Übergabefahrten zwischen dem Bahnhof Teltow und dem Werk bewältigte und auch die Reichsbahn unterstützte.

Über 95 Prozent der produzierten Anlagen waren für den Export bestimmt und wurden überwiegend mit der Eisenbahn abgefahren.

Teltomat ist heute der einzig noch verbliebene Anschließer, der sein Anschlußgleis hin und wieder für Eisenbahntransporte nutzt. Seit dem 1. Januar 2000 ist das Streckenstück vom Bahnhof Teltow aus bis zur Teltomat Maschinen GmbH im Besitz des Werkes.

Gärtnerische Produktionsgenossenschaft (GPG) „Immergrün"

Die Gärtnerische Produktionsgenossenschaft befand sich nördlich der Industriebahn, an der Ostseite der Ruhlsdorfer Straße. Für die Gewächshausproduktion waren große Mengen Wärme erforderlich, die von einem Heizhaus geliefert wurden. Es wurde mit Rohbraunkohle befeuert, die Anfuhr erfolgte über die Eisenbahn.

Zu diesem Zweck gab es ein beidseitig an das Stammgleis angebundenes Ladegleis, auf dem in unregelmäßigen Abständen zweiachsige offene E-Wagen mit Rohbraunkohle zur Entladung bereitgestellt wurden. Die Zuführung und Abholung der Wagen erfolgte zunächst durch die DR, später dann durch die Anschlußbahn Teltomat.

In den neunziger Jahren des vergangenen Jahrhunderts siedelte sich die Firma „Pflanzen Kölle" auf dem Gelände an. Ein Eisenbahnverkehr findet nicht statt.

7.2 Neue Planungen der Deutschen Reichsbahn 1981

Der sich erhöhende Eisenbahntransport auf der Industriebahn zwang zu neuen Überlegungen.

Im Auftrag der Rbd Berlin, Abteilung Planung und des Rates des Kreises Potsdam, Abteilung Energie-, Verkehrs- und Nachrichtenwesen wurde eine vom 31. Oktober 1981 datierte und vom Ingenieurbüro für Rationalisierung des Eisenbahntransports erarbeitete „Betriebstechnologische Dokumentation zur Technologie der Anschlußbedienung im Bereich Teltow West" intern veröffentlicht. Im Kern dieser Schrift gelangte man zu folgender Erkenntnis:

Lok 106 934 rangiert Mitte der achtziger Jahre des vergangenen Jahrhunderts in der Oderstraße. In der linken Bildhälfte ist das frühere Wachgebäude der ehemaligen Heeresverpflegungsanlage zu sehen. Foto: Jaeckel

"... Aus den Ergebnissen der Istzustandsanalyse kann abgeleitet werden, daß das Verkehrsaufkommen im Bereich Teltow West bereits im Istzustand eine Höhe erreicht hat, die vom eingesetzten Rangiertriebfahrzeug und -personal der DR nur mit Schwierigkeiten oder nicht termingemäß bewältigt werden kann. Der immer wieder auftretende Rückstau bestätigt diese Aussage. Die kontinuierliche Bedienung der Anschlüsse, im Interesse eines schnellen Wagenumlaufes und im Interesse der zeitgerechten Befriedigung der Transportbedürfnisse entsprechend der Technologie der betreffenden Betriebe, ist nicht mehr gegeben ..."

Zur Lösung schlug man zwei Varianten vor:

Bereich II
    VEB Kraftfuttermischwerk
    VEB Geräte- und Reglerwerke
    VEB Agrotechnik
    GHG Haushaltwaren
    VEB Biomalz

Bereich III
    VEB Vereinigte Asphalt- und Teerproduktenfabriken
    VEB Elektronische Bauelemente
    VEB Lackfabrik
    VEB Energiekombinat Ost
    VEB Betonwerk

Die Werklok des VEB Elektronische Bauelemente (EBT) befährt am 28. August 1988 die Gleisanlagen entlang der Oderstraße. Das Gleis im Vordergrund führt auf das EBT-Betriebsgelände, den ehemaligen Bahnhof Teltow West. Foto: Guther

Variante 1 (Übergangslösung)
- Bildung von drei Anschließergemeinschaften mit eigener Betriebsführung
- Zuführung zu den einzelnen Bereichen durch die Deutschen Reichsbahn
- Zuführen und Abholen der Ganzzüge durch das GRW(!) bzw. die Deutschen Reichsbahn

Die Anschließergemeinschaften:

Bereich I
    VEB Teltomat
    GPG „Immergrün"
    NVA/sowjetische Streitkräfte
    (Anschluß „Luft oben")
    Bau- und Montagekombinat Ost

Variante 2
- Schaffung einer zentralen Wagenübergabestelle (WÜST) zwischen Bahnhof Teltow und Anschluss GPG Immergrün
- Bedienung der WÜST durch die DR
- Sortieren des Wageneinganges durch die Deutsche Reichsbahn nach drei Bereichen und Bereitstellen in das jeweilige Gleis der WÜST
- Überführung der Ausgangswagen zum Bahnhof Teltow,
- Ganzzugbedienung durch das GRW, bei Zügen mit mehr als 800 Tonnen Bruttolast mit Unterstützung der DR,
- Bedienung der Bereiche II und III durch das GRW, Bereich I wird von VEB Teltomat bedient,

- Rangierarbeiten innerhalb der Bereiche durch die Anschließergemeinschaft.

In dieser Dokumentation konnte folgendes noch nicht berücksichtigt werden:
- Schließung der Anschlußbahn der Vereinigten Asphalt- und Teerprodukten Fabriken,
- Errichtung eines Heizwerkes für das GRW,
- Errichtung eines Heizwerkes für EBT, was zusätzlichen Verkehr bedeutete.

Für die Zukunft waren der Neubau einer Anschlußbahn VEB Wasseraufbereitung Berlin, in Verlängerung des Anschlußgleises BMK Ost in Richtung der Schlammtrockenplätze vom Klärwerk Stahnsdorf vorgesehen. Baubeginn sollte Ende 1984 sein. In diesem Zusammenhang wurden starke Baustofftransporte in Halbzügen für den Bau der Anschlußbahn sowie für neu zu errichtende Wohnungen erwartet. Für das Jahr 1985 plante man die Wiedererrichtung eines Beton-Mischkomplexes durch die Bezirksdirektion Straßenwesen auf dem Bahnhof Teltow, wo man mit etwa 38 000 Tonnen Zuschlagstoffen pro Jahr für den Eisenbahntransport rechnete.

Der Betrieb in den drei Anschließergemeinschaften sollte von folgenden Lokomotiven bewältigt werden:

VEB Teltomat
1 Lok der Baureihe 106 (realisiert)
1 Lok der Baureihe 102 (realisiert)

VEB Kraftfuttermischwerk
2 Loks der Baureihe 101 (realisiert)

VEB Elektronische Bauelemente CvO
1 Lok der Baurehe 102 (realisiert)
(zusätzlich geplant:
1 Lok der Baureihe 106, nicht realisiert)

Deutsche Reichsbahn
1 Lok der Baureihe 106 (realisiert)

Die oben erwähnte Lok der Baureihe 106 für das GRW wurde für den Einsatz im VEB EBT geplant. Die in der **Variante 2** vorgeschlagene zentrale WÜST sollte zwischen Kilometer 1,4 und Kilometer 2,1 des Stammgleises nach Teltow West entstehen, genau an der Stelle, wo sich das frühere,

Reste der Bekohlungsanlage auf dem Bahnhof Teltow West. Im Hintergrund das Heizhaus des VEB Elektronische Bauelemente. Alle Anlagen sind inzwischen abgebaut. Foto: Guther, Januar 1993

*Ehemaliger Bahnhof Teltow West im Januar 1993. Vom geradeaus führenden Gleis erreichten Züge die Vereinigten Asphalt- und Teerprodukten-Fabriken. Das rechts abzweigende Gleis führte zur Parfümfabrik Lohse. Heute sind alle Gleise abgebaut.
Foto: Guther*

1929 fertiggestellte Aufstellgleis befand.

In der Perspektive bis 1990 wurde im Durchschnitt mit 43 beladenen Wagen/Tag und elf leeren Wagen/Tag im Eingang gerechnet. Damit waren aber nur Einzelsendungen gemeint, eventuelle Ganzzüge nicht mit gerechnet. Ganzzüge sollten weiterhin direkt in die Anschlüsse zugestellt werden.

Der Bau dieser WÜST sollte eine neue Technologie ermöglichen, die die Deutsche Reichsbahn weitgehend von der Bedienung der einzelnen Anschließer entlastet hätte. Die WÜST sollte aus fünf Gleisen bestehen, mit einer Option auf eine nochmalige Erweiterung um weitere vier Gleise. Das Stammgleis (Gleis 1) sollte dabei als Einfahrgleis dienen, im Gleis 2 sollte der Wagenausgang der Anschließer aufgestellt werden, während die Gleise 3 bis 5 zum Abstellen des Wageneinganges für die Anschlußbereiche I bis III vorgesehen waren.

Als Weichen wurden ortsbediente Handweichen vorgeschlagen, alle Ein-, Aus- und sonstigen Fahrten innerhalb der WÜST sollten als Rangierfahrten stattfinden.

Folgende Nutzlängen der Gleise waren geplant:

Gleis 1   610 Meter
Gleis 2   460 Meter
Gleis 3   400 Meter
Gleis 4   360 Meter
Gleis 5   360 Meter.

Letztlich entschied man sich für die erste Variante, die zweite wurde nie realisiert, es blieb bei der Übergangslösung.

*Lok 106 524 rangiert am 14. Januar 1990 im Bereich „Luft oben".
Foto: Guther*

Die Kö vom VEB Teltomat auf dem Werksgelände am 14. Januar 1990. Diese Maschine steht heute in der Nähe von Bremen. Foto: Guther

Am 16. Januar 1993 wartet die Werklok des VEB Elektronische Bauelemente im GRW-Gelände auf die Verschrottung. Der Klinkerbau im Hintergrund ist die ehemalige NARAG-Halle. Foto: Guther

Bei der Teltower Eisenbahn eingesetzte Dampflokomotiven

Nummer	Hersteller	Bauart	Baujahr	Fabriknummer	Bemerkungen
	Henschel	Bn2	1881	1311	ex OWE Nr. 1 „Osterwiek", von der Straßenbahn Groß Lichterfelde – Machnower Schleuse übernommen
	Henschel	Bn2	1881	1312	ex OWE Nr. 2 „Ilse", von der Straßenbahn Groß Lichterfelde – Machnower Schleuse übernommen
21	Borsig	Cn2	1911	7896	nach 1945 aus Jauer nicht zurückgekehrt
21(c)	Vulcan	Cn2	1895	1504	pr. T3, bei der Kleinbahn Guttentag – Voßwalde von 1(b) in 21(c) umgezeichnet, 1945 zur Teltower Eisenbahn, 1950 DR-Nr. 89 6005, 1951 ausgemustert
22	Hanomag	Cn2	1897	2860	pr. T3, von der Niederlausitzer Eisenbahn, Nr. 22, an die Teltower Eisenbahn vermietet, 1950 DR Nr. 89 6103, am 15. September 1965 in Magdeburg-Buckau ausgemustert
23	Hanomag	Cn2	1897	2861	pr.T3, von der Niederlausitzer Eisenbahn, Nr.23, an die Teltower Eisenbahn vermietet, 1950 DR-Nr. 89 6104, 1958 verkauft
1(b)	O&K	Bn2	1913	6681	von der Kleinbahn Guttentag – Voßwalde, 1950 DR-Nr. 89 6008, 1954 ausgemustert

Letzte Planung vor der politischen und wirtschaftlichen Wende war der Bau einer Treibstoff-Umfüllstelle auf dem Bahnhof Teltow. Auch sie wurde nicht mehr realisiert.

7.3 Lokeinsätze in Teltow

Die von der Straßenbahn Groß Lichterfelde – Seehof – Teltow – Stahnsdorf – Machnower Schleuse übernommenen zweiachsigen Dampflokomotiven, die ursprünglich von der Osterwieck-Wasserlebener Eisenbahn (OWE) stammten, bildeten die Betriebsmittel zur Eröffnung der Industriebahn GmbH am 21. Juli 1909. Eine der beiden Lokomotiven wurde durch eine am 20. Juni 1911 gelieferte neue dreiachsige Lokomotive von Borsig ersetzt. Sie war eine Industriebahnlok, äußerlich glich sie einer preußischen T3.

Ab 1929 tauchten Leihloks von anderen durch die ADEG betriebenen Bahnen in Teltow auf.

Am 5. April 1939 bat die ADEG den Reichsbevollmächtigten für Bahnaufsicht, ihr die Genehmigung zur Inbetriebnahme der Lok Nr. 23 der Niederlausitzer Eisenbahn (NLE) zu erteilen. Diese Lokomotive war eine C-gekuppelte Naßdampf-Tenderlokomotive, die 1897 von Hanomag gebaute Maschine wurde von der Teltower Eisenbahn auf unbestimmte Zeit angemietet und sollte länger in Teltow bleiben. Sie kam am 24. März 1939 von Luckau über Falkenberg mit eigener Kraft nach Teltow. Ihre Indienststellung wurde am 15. April 1939 genehmigt.

Nach dem Ende des Zweiten Weltkrieges wurde diese NLE-Lok zusammen mit der Lok 22 der NLE in Teltow vorgefunden. Auch sogenannte Rückführlokomotiven wie die Loks 1(b) und 21(c) der Bahn Guttentag –Voßwalde kamen in den letzten Kriegsmonaten nach Teltow und versahen dort ihren Dienst.

Nach 1945 unterstand die Teltower Eisenbahn der Generaldirektion der Provinzialbahnen, die die hier zu diesem Zeitpunkt vorgefundenen Lokomotiven einsetzte. Mit der Verstaatlichung der Privatbahnen ging am 1. April 1949 der Betrieb der Teltower Eisenbahn auf die Deutsche Reichsbahn über, zum 1. Januar 1950 auch die Infrastruktur. Die Lokomotiven wurden in das Reichsbahn-Nummernschema eingegliedert.

Nach der Ausmusterung der eingesetzten Lokomotiven tauchten erstmals Einheitsloks der Baureihe 64 in Teltow auf. Diese sollen zunächst von den Berliner Bahnbetriebswerken Tempelhof und Anhalter Bahnhof gestellt worden sein. Nach dem Mauerbau übernahm das Bw Jüterbog die Triebfahrzeuggestellung für Teltow West. Planmäßig waren abwechselnd die 64 171 sowie 64 464 in Teltow West stationiert; fallweise auch andere Jüterboger 64er. Die Höchstlast für die Baureihe 64 auf der Strecke von und nach Teltow West war auf 600 Tonnen festgelegt.

Zwischenreparaturen und Fristarbeiten wurden in Jüterbog ausgeführt.

Im Dezember 1967 endete der planmäßige Einsatz von Dampflokomotiven in Teltow West. Zu einem Loktausch kam die erste Diesellok der Baureihe 106 von Jüterbog nach Teltow West, die 64er wurde nach Jüterbog abgefahren, wo zum Jahresende der Einsatz und die Beheimatung dieser Baureihe endete. Etwa 1972 ging die Triebfahrzeuggestellung und das Unterstellungsverhältnis vom Bw Jüterbog an das Bw Seddin über. Planloks waren nun die 106 201 und 106 602. Für diese Baureihe war die Höchstlast in Teltow West auf 800 Tonnen festgelegt. 1976 zog man von Teltow West zum Bahnhof Teltow um, wo fortan Dienstbeginn und -ende war. Dazu nutzte man ein Gebäude, das einen Umkleideraum, einen Waschraum sowie ein WC besaß.

Das Kombinat Elektronische Bauelemente CvO Teltow nutzte den freien Lokschuppen in Teltow West zum Unterstellen ihrer eigenen Lokomotive.

Das Umkleide- und Aufenthaltsgebäude für Lokführer und Wagenmeister auf dem Bahnhof Teltow im Juni 1994. Heute wird das Gebäude als wilde Müllhalde genutzt.
Foto: Pfohl

Unten: Auch in Teltow gab es an den Schnittstellen Straße/Schiene Unfälle. Glimpflich für die Beteiligten ging der Zusammenstoß vom 5. Juni 1968 aus, über den ausführlich berichtet wurde.

◀ Mußte es dazu kommen?

Wann endlich werden derartige Bilder (siehe links) aus unserem Straßenverkehr verschwinden? Was muß noch passieren, bis auch der letzte Kraftfahrer pflichtbewußt und vorschriftsmäßig an Kreuzungspunkte zwischen Straße und Schiene heranfährt? Die Neuregelungen im § 12 der Straßenverkehrsordnung sind nur eine Seite der Erhöhung der Ordnung und Sicherheit an Bahnübergängen. Von den Teilnehmern des Straßenverkehrs wird durch richtiges oder falsches Verhalten bestimmt, wie groß die Sicherheit an den unbeschrankten oder beschrankten Bahnübergängen ist.

In den Vormittagsstunden des 5. Juni 1968 kam es in der Teltower Oderstraße zu diesem Zusammenprall zwischen einem Lastkraftwagen des Teltower Fuhrunternehmers B▮ und einer Rangierabteilung der Deutschen Reichsbahn.

Der 62jährige Kraftfahrer Paul J▮ aus Teltow verließ mit dem Lkw und Anhänger das Grundstück des VEB Energieversorgung und mußte dabei 2 Eisenbahngleise überqueren. Dieser Übergang ist unbeschrankt. Auf eine Einweisung durch die Pförtnerin verzichtete er. Trotz vorhandenen Stoppschildes und Warnkreuzes fuhr Herr J▮ derart unaufmerksam auf den Übergang, daß er die von links kommende Rangierabteilung erst bemerkte, als der Zusammenprall nicht mehr zu verhindern war. Der Lkw wurde von der Diesellokomotive erfaßt und 25 m weit über den Gleiskörper geschoben. Durch glückliche Umstände blieben der Kraftfahrer und die Eisenbahner unverletzt. Am Lkw und an der Diesellok entstand ein Gesamtschaden von etwa 13 000 Mark.

Die Ermittlungen der Transportkriminalpolizei ergaben, daß die am Unfall beteiligten Eisenbahner völlig richtig handelten und auch alles unternahmen, um die Gefahr noch abzuwenden.

Die Fahrerlaubnis des Kraftfahrers J▮ wurde durch die Verkehrspolizei eingezogen.

Text: Wiegel, Foto: Lyb

Das Vorhalten einer Rangierlok der DB endete 1992 auf dem Bahnhof Teltow. Ab da übernahm die in Großbeeren stationierte Rangierlok die Bedienung des Restverkehrs.

Die drei selbständigen Anschlußbahnen Teltomat, CvO und Kraftfuttermischwerk hatten nun keine Aufgaben mehr. Sie wurden stillgelegt, die Loks teilweise verschrottet. Letzte Lok im Raum Teltow war die lange Zeit auf dem Werkgelände abgestellte Lok 1 der Anschlußbahn Teltomat. Sie wurde 1999, von einer Bedienfahrt kommend, von der DB AG-Lok zum Bahnhof Teltow überführt und dem, auf dem Gelände des ehemaligen Kohlehandels ansässigen Altmetall-Entsorgungsunternehmen zur Verschrottung zugestellt.

Interessant ist der Einsatz zweier Lokomotiven der Baureihe 74, die die Vereinigten Asphalt- und Teerprodukten-Fabriken zur Bewältigung der Rangieraufgaben in ihrem eigenen Gleisanschluß von der Reichsbahn erwarben:

	74 1353	74 1277
Hersteller	A. Borsig	A. Borsig
Baujahr	1914	1921
Fabriknummer	95 01	11047
letztes Heimat-Bw	Wustermark	Berlin Ostbf
Indienststellung als Werklok bei VAT Teltow am	6.2.1961	10.4.1967
Verbleib verschrottet	19.3.1968	(?)

Gleisplan des Bahnhofs Teltow von 1970
mit den Fern-, Vorort- und S-Bahn-Gleisen von und nach Berlin sowie dem Baubetriebsgleis und dem Gleis des Güteraußenringes (gestrichelt dargestellt)
DR-Zeichnung, Sammlung: Pfohl

Die Mannschaft der Lok 89 6005 postiert sich für den Fotografen. Aufnahmeort ist vermutlich das Klärwerk Stahnsdorf. Foto: Sammlung Ulrich

Lok 89 6104 vor dem Lokschuppen auf dem Bahnhof Teltow West. Foto: Sammlung Ulrich

8. Der Reise- und Güterverkehr

Der Güterverkehr wurde bis zur Traktionsumstellung vorrangig von Jüterboger und Seddiner Maschinen der Baureihe 52 bewältigt.

Im Reiseverkehr wurden die Vorortzüge aus dreiachsigen preußischen Abteilwagen gebildet, die von Dampflokomotiven der Baureihe 38 (ehem. pr. P8) befördert wurden. Mit der Traktionsumstellung tauchten gegen Ende der sechziger Jahre Diesellokomotiven der Baureihe 110 vor den Reisezügen auf, die nun auch modernere Reisezugwagen zogen. Dabei handelte es sich um zwei- und dreiachsige Rekowagen der Gattung Bag, die in den sechziger Jahren in großer Stückzahl die Werkhallen des RAW Halberstadt verlassen hatten. Um den Bedarf an Reisezugwagen zu decken, rekonstruierte man die preußischen Abteilwagen. Auf ihrem (verlängertem) Fahrwerk fand ein neuer Wagenkasten Platz, der durchgehend begehbar war und dessen kunstlederbezogene Polster einen höheren Sitzkomfort boten, an der Laufkultur aber änderte sich durch die Verwendung der alten Fahrwerke nichts. Sie bekamen von den Reisenden bald Spitznamen wie „Backpfeifenwagen" oder „Genickschußwagen".

Die Elektrifizierung der Anhalter Bahn erfolgte schrittweise ab 1975 in Richtung Berlin. Am 25. September 1981 erreichte der Fahrdraht Ludwigsfelde, am 23. Mai 1982 konnte die Fahrleitungsverbindung zum SAR bei Genshagener Heide hergestellt werden. Mit Teltow war am 30. Juli 1982 der damalige Endbahnhof der Anhalter Bahn erreicht, das Reststück in Berlin trennte noch Mauer und Stacheldraht. In der Folge lief in den Bahnbetriebswerken Jüterbog und Seddin die Beheimatung von Elektrolokomotiven, vorerst der Baureihen 211 und 242 (später 109 bzw. 142 DB AG; heute nicht mehr im Bestand) an. Die Nahgüterzüge aus Jüterbog und Seddin wurden bald vollständig mit elektrischer Traktion gefahren. Bei Lokschäden und wenn keine Elektroloko-

Wie damals im Bereich der Deutschen Reichsbahn üblich, wurden auch auf dem Bahnhof Teltow im Rahmen der Elektrifizierung die Masten mittels Hubschrauber gesetzt. Foto: Schmidt, 1982

Taschenfahrplan der Rbd Berlin, Winter 1965/1966. Sammlung Pfohl

In den siebziger Jahren des vergangenen Jahrhunderts prägten Lokomotiven der Baureihe 118 den Betrieb auf der Anhalter Bahn. Ein aus Teltow kommender Personenzug hat gerade das Kreuzungsbauwerk des südlichen Berliner Außenringes passiert und fährt weiter nach Ludwigsfelde. Foto: Henze

motive zur Verfügung stand, beförderten Seddiner Maschinen der Baureihe 130 oder Jüterboger 118 die Züge. Das gleiche galt bei Kieszügen für das BMK Ost oder das Betonwerk, sowie bei Getreidezügen für das Kraftfuttermischwerk (KFM). Einzig der Kohlezug aus Großräschen kam immer mit einer Jüterboger 118 bespannt nach Teltow. Nach dem Umsetzen stellte die Zuglokomotive selbst die für den Kohlehandel in Teltow bestimmten Wagen auf dem Ladegleis des VEB Kohlehandel (Gleis 26, „Lade" genannt) zu. Der andere Teil des Zuges ging weiter nach Potsdam Stadt, später nach Wildpark, nachdem der Kohlehandel Potsdam dort ein neues Gelände bezogen hatte.

Die leeren Kohlewagen, dabei handelte es sich um zweiachsige E-Wagen sowie vierachsige Ea-Wagen, wurden für einen Leerwagenzug (Lgo) gesammelt, der am folgenden Tag abging. Ihm wurden auch die aus Teltow West kommenden offenen Leerwagen vom Zentralen Heizwerk (ZHW) und der GPG „Immergrün" zugestellt. Der Lgo wurde vorzugsweise auf dem Gleis 25 aufgebaut, mit der Zuglok bespannt und auch von dort ausgefahren. Dazu war es in Richtung Großbeeren auf einer Länge von etwa 40 Metern mit elektrischer Fahrleitung überspannt. Da das Gleis 25 kein Ausfahrsignal besaß, mußte die Abfahrt immer auf schriftlichen Befehl erfolgen.

DR-Winterfahrplan 1987/1988. Sammlung Pfohl

Die für Teltow West bestimmten Wagen haben das Speichergelände erreicht. Lok 52 6666 wird in Kürze umsetzen. Im Hintergrund links der Lokschuppen für die Werklokomotiven des Kraftfuttermischwerks. Foto: Sammlung Ulrich

Der Reisezugverkehr wurde nach der Elektrifizierung vollständig von Elektrolokomotiven bewältigt, die zwei- und dreiachsigen Rekowagen wurden durch vierachsige Bghw-Wagen ersetzt.

Im Winterfahrplan 1982/83 wurde der Güterverkehr noch mit sieben Übergaben von und nach Großbeeren bewerkstelligt, ehe im darauffolgenden Fahrplanabschnitt die Nahgüterzüge Teltow direkt anliefen.

Von 1983 bis 1991 gab es fünf Nahgüterzüge, die über Teltow liefen. Zwei verkehrten von Jüterbog nach Seddin und drei in der Gegenrichtung. Dazu kam noch ein Nahgüterzug der in Teltow gebildet wurde und dessen Zielbahnhof Seddin war. Weiterhin verkehrten ein Übergabepaar von Großbeeren nach Teltow und zurück, der Kohlezug aus Großräschen sowie eventuelle Sonderzüge (Kies-, Kohle- oder Getreidezüge) nach Teltow und der Leerwagenzug (Lgo) von Teltow.

Die Nahgüterzüge waren bis 1990 etwa immer gut ausgelastet, die im Buchfahrplan angegebene Last betrug 1500 Tonnen, die Höchstlast 1600 Tonnen. Und obwohl die Lokführer generell im Güterzugdienst bei der Deutschen Reichsbahn verpflichtet waren, einen Zug mit einem bis zu 10 Prozent der Planlast höheren Zuggewicht zu fahren, wobei jedoch keinesfalls die Höchstlast überschritten werden durfte, mußten häufig Sonderzüge eingelegt werden, um die Frachten von Seddin oder Jüterbog nach Teltow abzufahren.

Das Jahr 1985 beinhaltete einen wichtigen Termin. Am 7. Dezember vor 150 Jahren setzte sich der erste Zug von Nürnberg nach Fürth in Bewegung, womit die Geschichte der deutschen Eisenbahnen begann.

Anlaß genug für den damaligen Leiter des Bahnhofs Teltow, Herrn Fritz Schulze (†), der Öffentlichkeit eine kleine Fahrzeugausstellung zu präsentieren. Dafür wurde als Attraktion sogar die Traditionslokomotive 52 6666 aus Schöneweide organisiert, die am Vormittag die Rangieraufgaben auf dem Bahnhof Teltow übernahm und die Übergabe nach Teltow West und zurück fuhr. Zahlreiche Schaulustige hatten sich schon früh auf dem Bahnhof Teltow versammelt und auch auf der Fahrt zum Speichergelände nach Teltow West säumten viele Eisenbahn- und Fotofreunde die Strecke. Vereinzelt kam es sogar zu Beifallsbekundungen wie „Bravo, Eisenbahn!". Mit ein Zeichen dafür, welchen Stellenwert die Eisenbahn damals bei der Bevölkerung besaß.

Nachdem die Rangierarbeiten erledigt waren, nahmen die auszustellenden Fahrzeuge auf dem Bockgleis (verlängertes Gleis 22) an der Mahlower Straße Aufstellung:

- Dampflokomotive 526666, Traditionslokomotive Bw Schöneweide,
- Diesellokomotive der Baureihe 106, Bw Seddin,
- Diesellokomotive der Baureihe 106, Werklok des VEB Teltomat Maschinenbau,
- Diesellokomotive der Baureihe 100, Kleinlok der Leistungsklasse II (Kö II), Werklok des VEB Teltomat Maschinenbau,
- Diesellokomotive der Baureihe 101, (ex V15),
- Werklok des VEB Kraftfuttermischwerk Teltow
- Diesellokomotive der Baureihe 102, (ex V22),
- Werklok des VEB Teltomat Maschinenbau,
- Oberleitungsrevisionstriebwagen (ORT), Bw Seddin.

Der Leiter des Bahnhofs richtete vom Führerstandsfenster der 52er einige Worte an die Besucher der Fahrzeugausstellung, in denen er dieses historische Datum würdigte. In den Räumen der Gepäckabfertigung, in der „Empfangshalle", zeigten die Modellbahnfreunde der Arbeitsgemeinschaft 1/56 des Deutschen Modelleisenbahn-Verbandes der DDR, unter der Leitung von Herrn G. Zimmermann (†) eine kleine Modellbahnschau sowie einige Fotos. Die gute Zusammenarbeit zwischen der Deutschen Reichsbahn, den Teltower Betrieben und dem DMV machte diesen Tag möglich, was auch ein Thema der örtlichen Presse sowie der Betriebszeitung „Impuls" des GRW in ihrer Ausgabe 1/86 war.

⇨ *Der Leiter des Bahnhofs Teltow, Fritz Schulze (†), hält vom Führerstand der Traditionslokomotive 52 6666 des Bw Schöneweide eine Ansprache an die Besucher der Fahrzeugschau auf dem Bahnhof Teltow.*
Foto: Sammlung Ziggel

Mit einigen Güterwagen am Haken verläßt die Traditionslok am 7. Dezember 1985 das Speichergelände in Richtung Bahnhof Teltow. Foto: Sammlung Ulrich

Eisenbahnen in Teltow

Üb 72148 (76,1) / Üb 72149 (76,1) — Großbeeren–Teltow / Teltow–Großbeeren

			Mbr 17 Tfz 110 Last 800 t	Mbr 15 Tfz 110 Last 800 t	Mbr Tfz Last t
Hg max 50 km/h			72148	72149	
			4	5	4	5	4	5
1	2	3						
18,3	50	Großbeeren	—	14⁰²	—		—	
	40	17,6						
	40	17,4						
	30	15,3						
14,2	50	Teltow	14¹⁰	—	—	14²³		
		15,3						
	30	17,4						
18,3	40	Großbeeren	—	—	—	14³¹		

⇐ Obwohl im Buchfahrplan als Regelzüge ausgewiesen, verkehrten die Übergaben 72 148 und 72 149 nur bei Bedarf (Jahresfahrplan 1987/1988).

N 65152 Bza (70,1) / N 65154 (70,1) / N 65156 Bza (70,1) — Jüterbog—Luckenwalde

			Mbr 36 Tfz 242 Last 1500 t	Mbr 36 Tfz 118 Last 1500 t	Mbr 36 Tfz 242 Last 1500 t
Hg max 60 km/h			65152	65154	65156
			4	5	4	5	4	5
1	2	3						
62,7		Jüterbog [ZFA 60] Sbk 320, 318, 316, 314	—	10⁴⁸	—	15⁵⁵	—	19¹⁵
55,7	60	Forst Zinna Sbk 288, 286	—	57	—	16⁰⁴	—	24
50,3		Luckenwalde [ZFE]	11⁰²	—	16⁰⁹	—	19²⁹	—

⇓ Die von Teltow abgehenden Leerwagenzüge (Lgo), gebildet aus offenen Wagen, zeigt diese Buchfahrplantabelle aus dem Jahresfahrplan 1987/1988.

Gag 57210 (63,1) / Gag 57222 (63,1) — Greifenhain/Drebkau—Werder (Havel) / Großräschen—Wildpark

			Mbr 37 Tfz 250 Last 1200 t	Mbr 41 Tfz 132/118 Last 1800 tH	Mbr Tfz Last t
Hg max 60 km/h			57210 b)	57222 a)	
			4	5	4	5	4	5
1	2	3						
62,7		Jüterbog [ZFD] Sbk 320, 318, 316, 314	⁺7³⁰	8⁵⁴	19⁵⁸	20⁰⁸		
55,7	60	Forst Zinna Sbk 288, 286	⁺9⁰²	10²⁴	—	17		
50,3		Luckenwalde Sbk 250, 248, 246, 244, 242, 240	—	30	20²¹	40		
	50	44,3 / 41,9 *						
39,5		Scharfenbrück Sbk 218, 216, 214	—	41	—	53		
33,5	60	Trebbin Sbk 188	10⁴⁷	54	—	59		
30,2		Thyrow Sbk 158, 156, 154	—	11⁰⁰	—	21⁰⁴		
24,5		Ludwigsfelde	—	07	—	10		
22,8		Birkengrund Süd Hp [ZFU 62]	—	10	—	14		
21,1		Birkengrund Nord Hp	—	12	—	16		
	30	18,6 / 18,6						
18,3	60	Großbeeren	11¹⁷	11⁴⁷	—	21		
	40	17,6						
	30	17,4 / 15,3						
14,2	60	Teltow	—	—	21²⁸	22⁵⁷		
					weiter Heft 116-23			

a) Gag 57222 ab Ld nur Last 1500 t, Tfz 118, ab Tlo nur Last 1200 t, in Ld Tfz-wechsel
b) Gag 57210 ab Gsb nur Last 800 t; in Jü Tfz-wechsel

⇑ Tabelle des 57 222 Großräschen – Wildpark im Jahresfahrplan 1987/88. Wagen mit Kohle vom 57 210 aus Greifenhain/Drebkau wurden mit der Übergabe 72 148 nachmittags von Großbeeren nach Teltow gefahren.

Lgo 59167 (69,2) / Lgo 59173 (69,2) — Teltow—Elsterwerda-Biehla / Teltow—Delitzsch Südwest

			Mbr 65 Tfz 242 Last 600 t	Mbr 64 Tfz 242 Last 600 t	Mbr Tfz Last t
Hg max 80 km/h			59167 a)	59173 a)	
			4	5	4	5	4	5
1	2	3						
14,2	60	Teltow	—	19⁰⁰	—	8⁰⁰		
	30	15,3 / 17,4						
18,3	40	Großbeeren	19⁰⁸	28	—	08		
	60	18,4						
	30	18,6 / 18,6						
21,1	60	Birkengrund Nord Hp	—	34	—	13		
22,8		Birkengrund Süd Hp 23,7	—	36	—	—		
24,5		Ludwigsfelde [ZFU 60] Sbk 153, 155, 157	—	38	8¹⁷	9²⁴		
30,2		Thyrow Sbk 187	—	42	—	30		
33,5		Trebbin Sbk 213, 215, 217	—	45	—	34		
39,5	80	Scharfenbrück Sbk 239, 241, 243, 245	—	50	—	39		
50,3		Luckenwalde Sbk 247, 249	—	59	—	48		
55,7		Forst Zinna Sbk 313, 315, 317, 319	—	20⁰³	—	52		
62,7		Jüterbog	20⁰⁹	22⁰⁷	9⁵⁸	11⁴⁰		

a) in Jü wagentechnische Untersuchung und Tfz-wechsel

Typischer Arbeitszug der Deutschen Reichsbahn an der Ausfahrt des Bahnhofs Teltow. Vielfach wurden sogenannte Weimar-Lader auf K-Wagen gefahren, um schwere Lasten auf- oder abzuladen. Foto: Schmidt

Im Winter 1990 erreicht ein von einer Lok der Baureihe 243 (DB AG-Baureihe 143) gezogener Reisezug den verschneiten Bahnhof Teltow. Foto: Schmidt

⇦ Die lokbespannten Reisezüge wurden bald durch Triebwagen der Baureihe 772 abgelöst. Der aus einem Bghw-Wagen bestehende Zug war mit einer Lok der Baureihe 243 reichlich übermotorisiert.
Foto: Schmidt

⇦ Triebwagen 772 130 vom Betriebshof Seddin auf der Fahrt zum Bahnhof Teltow. Rechts steht ein mit alliierten Militärfahrzeugen aus West-Berliner Zeiten beladener Güterzug. Foto: Guther, März 1995

⇩ Am 31. Mai 1991 hat Lok 242 233 mit P 11 658 den Bahnhof Teltow erreicht und setzt sich zur Rückfahrt an das andere Zugende.
Foto: Lohneisen

Am 17. Januar 1993 hat Triebwagen 772 011 vom Betriebshof Seddin am Bahnsteig im Bahnhof Teltow Zeit für eine kurze „Verschnaufpause". Foto: Guther

*Zustand der ehemaligen Eisenbahnbrücke über die Mahlower Straße im Januar 1993. Über diese Brücken fuhren bis zum Mauerbau am 13. August 1961 die elektrischen S-Bahn-Züge von und nach Berlin.
Foto: Guther*

⇐ Buchfahrplanauszug für die Nahgüterzüge der Relation Seddin – Jüterbog (Jahresfahrplan 1987/1988).

⇐ und ⇑ Für die Darstellung des Reiseverkehrs der achtziger Jahre des vergangenen Jahrhunderts sollen die Buchfahrplanauszüge aus dem Jahresfahrplan 1989/1990 dienen.

Lok 346 602 hat am 30. März 1994 mit leeren Ea-Wagen aus dem Betonwerk Teltow den Bahnhof erreicht. Foto: Guther

Lok 52 6666 hat am 4. März 1991 den Veltener Traditionszug nach Teltow gebracht und umfährt für die Rückfahrt den Zug. Foto: Guther

9. Die Wende und der anschließende Rückgang der Transportleistungen

Nach der politischen und wirtschaftlichen Wende im Herbst 1989 nahm der Güterverkehr auch in Teltow, begründet durch die in der Folge der Ereignisse vorgenommenen Schließungen von Betrieben, ab 1992 stark ab.

Reger Betrieb herrschte noch einmal im März 1994, als auf dem Bahnhof Teltow Militärtechnik der im ehemaligen West-Berlin stationierten alliierten Mächte auf Eisenbahnwagen verladen wurde. Die Fahrzeuge erreichten Teltow mit eigener Kraft und befuhren über die Kopframpe die bereitgestellten Güterwagen. Ziel dieser Züge waren Bahnhöfe in den alten Bundesländern.

Weitere Reduzierungen im Güterverkehr führten dazu, daß 1995 zum Beispiel nur noch zwei Übergaben von Seddin nach Teltow (Üg 66411, Tlo an 2.08 Uhr und Üg 66413, Tlo an 11.26 Uhr) gefahren wurden. Drei Übergaben von Teltow nach Großbeeren (Üg 66423, Tlo ab 5.39 Uhr; Üg 66425, Tlo ab 13.39 Uhr sowie Üg 66429, Tlo ab 21.39 Uhr) waren mehr als ausreichend.

Im Jahresfahrplan 1999/2000 verkehrten noch folgende Züge von und nach Teltow (Gsb = Großbeeren, Tlo = Teltow):

Zug	von	nach	Ankunft	Abfahrt
CB 56046	Gsb	Tlo	8.54 Uhr	
CB 56047	Tlo	Gsb		9.53 Uhr
CB 56048	Gsb	Tlo	18.00 Uhr	
CB 56049	Tlo	Gsb		19.40 Uhr

Dazu noch der KC 62631 als Bedarfszug von Teltow nach Falkenberg unterer Bahnhof. Dieser Zug verkehrte von dienstags bis freitags, außer sonntags und nicht in der Zeit vom 29. November 1999 bis 25. Februar 2000. Die Abfahrzeit war 20.45 Uhr.

Die Übergaben verkehrten und verkehren werktags, außer Sonnabend und auch nur bei Bedarf.

Im Jahre 2000 erreichten fallweise Kieszüge für die Firma Klösters den Bahnhof Teltow.

⇧ Teltomat-Werklok 1 am 10. August 1993. 1999 wurde die Maschine verschrottet. Foto: Guther

⇦ Hinter der Loknummer 346 602 verbirgt sich die ehemalige Teltower Planlok 106 602. Das Foto zeigt die Maschine beim Bedienen des Anschlusses Teltomat am 30. März 1994. Foto: Guther

⇨ Lok 106 524 hat den Bereich „Luft oben" verlassen und fährt am 31. Januar 1990 in Richtung Teltow. Der Zug fährt gerade am „Versand rechts" vorbei. Deutlich zu sehen sind die im Text erwähnten Bettgestelle.
Foto: Guther

⇦ Auf dem ehemaligen Übergabebahnhof „Luft oben" am Luftnachrichten-Zeugamt. Das Foto zeigt die „Außenhalle", das ursprüngliche Kistenlager.
Foto: Pfohl, Juli 1997

⇨ Straßeneinfahrt zum ehemaligen Luftnachrichten-Zeugamt an der Ruhlsdorfer Straße im Juli 1999.
Foto: Pfohl

⇦ Gleisanlagen an der ehemaligen Halle 4 des Luftnachrichten-Zeugamtes im Juli 1999. Bis zum Abzug der russischen Streitkräfte wurde das Gelände genutzt.
Foto: Pfohl

9.1 Teilstillegung der Industriebahn

Die Umwälzungen, die im November 1989 begannen, brachte den wirtschaftlichen Niedergang vieler Teltower Betriebe mit sich. Mit der Öffnung der Märkte folgten nun Auftragsverluste und wirtschaftliche Zusammenbrüche. Viele Betriebe pflegten Wirtschaftsbeziehungen mit Staaten Osteuropas, die nach der Währungsunion der beiden deutschen Staaten 1990, die Waren nicht in D-Mark bezahlen konnten oder wollten. Mangelnde Konkurrenzfähigkeit tat ihr Übriges, die Erzeugnisse waren zu teuer, oder schlichtweg unverkäuflich geworden.

So schlossen nach und nach immer mehr Betriebe in Teltow ihre Pforten. Damit verlor auch die Deutsche Reichsbahn und später die Deutsche Bahn AG als ihre Rechtsnachfolgerin Kunde um Kunde.

Im einzelnen waren das folgende Betriebe:
- Elektronische Bauelemente CvO (EBT),
- Geräte- und Reglerwerke (GRW),
- Lackfabrik, Ende 1992 stillgelegt,
- Kraftfuttermischwerk (KFM), bis zum 31. Dezember 1992 in Betrieb,
- Großhandelsgesellschaft (GHG) Haushaltwaren,
- Anschlußgleis Energiekombinat Potsdam,
- Bau-und Montagekombinat (BMK Ost) in Stahnsdorf,
- Zentrales Heizwerk (ZHW),
- Biomalzfabrik,
- Anschlüsse im Bereich des ehemaligen Zeugamtes, nach Abzug der sowjetischen Streitkräfte,
- Gärtnerische Produktionsgenossenschaft (GPG) „Immergrün".

Am 1. Januar 1995 wurde die Ladestelle Teltow West aus dem Verzeichnis der Ladestellen gestrichen, und zum 31. Dezember 1995 der Betrieb nach Teltow West offiziell eingestellt.

Am 6. Januar 1998 erteilte das Eisenbahn-Bundesamt (EBA) die Genehmigung zur Stillegung der Strecke ab Kilometer 3,7 bis zum Endpunkt in Teltow West. In der Folge begann man Anfang 1998 mit dem Ausbau von Weichen und Weichenteilen, wie im Bereich von „Luft oben". Ein Stück hinter der Anschlußweiche von Teltomat hindert seitdem ein Schwellenkreuz an der Weiterfahrt.

Die Straßenbaumaßnahmen in der Oderstraße sahen eine Verbreiterung und Asphaltierung vor.

↷ *Ehemaliges Gleis zum Bau- und Montagekombinat Ost vor dem Überweg am Schenkendorfer Weg. Dahinter befinden sich die ehemaligen Schlammtrockenplätze des Klärwerks Stahnsdorf.*
Foto: Pfohl, Juli 1999

⇐ *Der Garagenhof im ehemaligen Luftnachrichten-Zeugamt, auf dem 1. März 1939 die Fahnenweihe stattfand.*
Foto: Pfohl, Juli 1999

Dazu konnte man auf den nicht mehr benutzten Geländestreifen des Gleisplanums zurückgreifen. Vereinzelt künden noch im Bereich von Überfahrten Gleisreste vom einstigen Eisenbahnbetrieb. Sämtliche Hochbauten auf dem Gelände des einstigen Betriebsbahnhofes an der Oderstaße wurden abgetragen, lediglich das Wohnhaus steht noch.

Der einzige verbliebene Anschließer, die Teltomat Maschinen GmbH, bekommt in unregelmäßigen Abständen noch Wagen zur Beladung zugestellt. Sie ist es, die das noch verbliebene Reststück der Teltower Eisenbahn am Leben erhält.

Die Anbindung der Industriebahn an die Anhalter Bahn war ein Streitpunkt und gab Anlaß zu

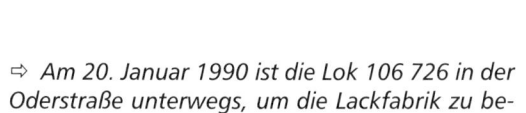

Lokschuppen im ehemaligen Luftnachrichtenzeugamt im August 2000. Bis vor wenigen Jahren wurde er als Garage genutzt. Foto: W. Pfohl

⇨ *Am 20. Januar 1990 ist die Lok 106 726 in der Oderstraße unterwegs, um die Lackfabrik zu bedienen. Foto: Wlodasch*

⇩ *Die ehemalige Werklok des VEB Teltomat, abgestellt in der Nähe des Betonwerks Luckenwalde im August 2000. Foto: Guther*

Eisenbahnen in Teltow

Diskusionen. Die zum wiederholten Male vorgesehene Hochlegung der Anhalter Bahn würde ein neues Tunnel- oder Brückenbauwerk erforderlich machen, für deren Kosten die Teltomat Maschinen GmbH aufkommen sollte. Sie hat ein großes Interesse an der Weiterführung des Eisenbahntransportes. Ab Juni 1999 befreiten Kräfte der Bahnreinigungsgesellschaft (BRG) die Strecke von der Ruhlsdorfer Straße aus bis zum Bahnhof Teltow von Wildwuchs. Auch eine Erneuerung des Oberbaus wurde vorgesehen, aber bis zum jetzigen Zeitpunkt noch nicht ausgeführt.

Dagegen erweisen sich die Übernahmegespräche mit der DB AG erfolgreich: seit dem 1. Januar 2000 ist das Industriegleis vom Grenzzeichen der Weiche 69 auf dem Bahnhof Teltow aus bis auf das Teltomat-Gelände in die Zuständigkeit der Teltomat Maschinen GmbH übergegangen.

Der zweite Kunde der einstigen Industriebahn, die Firma Klösters Baustoffe, entlädt ihre Wagen auf dem Bahnhof Teltow, nachdem durch die Betriebseinstellung nach Teltow West der Gleisanschluß auf ihrem Gelände ohne Funktion ist. Dazu verkehren Bedarfszüge mit Kies von Nordhausen nach Teltow, die in der Regel aus 31 vierachsigen Selbstentladewagen der Gattung Facns bestehen und von zwei Lokomotiven der Baureihe 232 (ex Baureihe 132 der DR) befördert werden. Jedoch kommt es auch vor, daß der Zug von einer Lok der Baureihe 346 (ex Baureihe 106 der DR) von Großbeeren aus nach Teltow geschoben wird.

„Reinhold 12" hat das Betonwerk bedient und wird gleich die Wagen aus dem Anschlußgleis der Lackfabrik abziehen. Foto: Guther, Januar 1990

Lok 106 201, die erste Lok der Baureihe V 60 in neuer Bauform, holt Wagen vom Anschluß Agrotechnik ab. Eine Werklok des Kraftfuttermischwerkes (links) wartet die Vorbeifahrt ab.
Foto: Guther, Januar 1990

Am 14. Juni 1993 warten die beiden Loks des ehemaligen VEB Kraftfuttermischwerkes abgestellt auf dem Werkgelände. Hinter den Loks das Gebäude der ehemaligen GHG Haushaltwaren. Foto: Guther

Im Januar 1990 überquert die Lokomotive 106 942 vom Kraftfuttermischwerk kommend den Überweg der Ernst-Thälmann-Straße (heute Potsdamer Straße). Foto: Guther

Gleisreste auf dem Gelände der Biomalzfabrik und an der Straßenzufahrt (kleines Foto). Das Gleis führte von der Drehscheibe am Versandgebäude vorbei zur (sichtbaren) Weiche und zu den Lagergebäuden. Fotos: Pfohl, Juli 1999 und Januar 2000 (kleines Foto)

Lok 346 602 (ex 106 602) durchfährt das weitgehend beräumte Gelände des ehemaligen VEB Geräte- und Reglerwerke (GRW), um in Kürze die Oderstraße zu erreichen. Foto: Guther, März 1994

⇧ Die Zufahrtsstraße zur Biomalzfabrik im Januar 2000. Kein Schienenfahrzeug kreuzt hier mehr den Weg, das Warnkreuz ist Makulatur.
Foto: Pfohl

⇨ Gleisreste im Straßenbereich als letzte Überbleibsel des Gleisanschlusses zur ehemaligen Parfümfabrik Lohse. Blick in Richtung Süden auf die ehemaligen Werksgebäude im Juni 1997.
Foto: Pfohl

⇐ Überwachungssignal So 16 für die Wegübergangs-Sicherungsanlage des ehemaligen Überweges Ernst-Thälmann-Straße (heute Potsdamer Straße) in Teltow. Blick in Richtung GRW im Januar 2000.
Foto: Pfohl

⇓ „Straße frei!" Keine Rangierabteilung zwingt heute am ehemaligen Überweg Iserstraße den Auto- und Straßengüterverkehr zum Halten; die Warnkreuze sind abgebaut.
Foto: Pfohl, Januar 2000

Die Eisensulfat-Entladestelle im Klärwerk Stahnsdorf im Januar 2000. Das Gleis ist inzwischen abgebaut. Kleines Bild: „Rangiergerät" im Klärwerk. Beide Fotos: Pfohl

Am 19. Juni 1993 holt Lok 201 154 leere Ea-Wagen aus dem Betonwerk ab. Das Foto entstand an der Biomalzfabrik am Überweg Iserstraße. Foto: Guther

Personenzug nach Ludwigsfelde im Bahnhof Teltow. Rechts neben dem ehemaligen Stellwerk Tlb steht eine Rangierlok der Baureihe 106. Foto: Guther, 10.10.1990

Für vielfältige Aufgaben hielt die Bahnmeisterei Großbeeren diesen Skl der Bauart Schöneweide vor. Interessant ist der Drehleiteraufbau. Foto: Guther, 19. Mai 1990

Am 27. April 1991 stehen die beiden Kleinloks des Kraftfuttermischwerkes Teltow vor dem Lokschuppen. Foto: Guther

Nach der Abschaffung der eigenen Lokomotiven besitzt die Teltomat Maschinen GmbH dieses Zweiwegefahrzeug für Rangieraufgaben auf dem Werksgelände. Foto: Guther, 25. August 2001

10. Neue Hoffnung?

Die Arbeiten zum Lückenschluß auf der Anhalter Bahn im Bereich des Bahnhofs Teltow gaben Stoff für Träume und Hoffnungen. Der Bau des neuen Regionalbahnhofs in den vergangenen Jahren ließ den Verdacht aufkommen, hier bald wieder Züge fahren zu sehen. Der alte Bahndamm, auf dem zuletzt bis zum 13. August 1961 die elektrische S-Bahn bis Teltow fuhr, wurde teilweise abgetragen und neu aufgeschüttet. Dabei beseitigte man gleich das alte Überwerfungsbauwerk in Richtung Lichterfelde Süd, das seit 1964/1965 von der Eisenbahn nicht mehr genutzt wurde.

Den Anliegerverkehr von und nach Teltow Seehof ermöglicht nun eine neue Brücke, die etwa an gleicher Stelle errichtet wurde. Im Zuge der Demontage der Brückenreste über die Mahlower Straße und deren Neuerrichtung wurde eine Begradigung der Straße vorgenommen. Sie verläuft nunmehr so wie früher vor der Hochlegung der Anhalter Bahn in den vierziger Jahren des vergangenen Jahrhunderts.

Ebenfalls beseitigt wurde der Fußgängertunnel im Bereich des ehemaligen S-Bahnhofes. Der neue Regionalbahnhof erhielt zwei neue Richtungsbahnsteige mit separaten Treppenaufgängen und jeweils einer behindertengerechten Rampenauffahrt. Die Bahnsteiggleise vereinigen sich in südlicher Richtung und erreichen über eine Rampe die Anbindung an das Gleis 20.

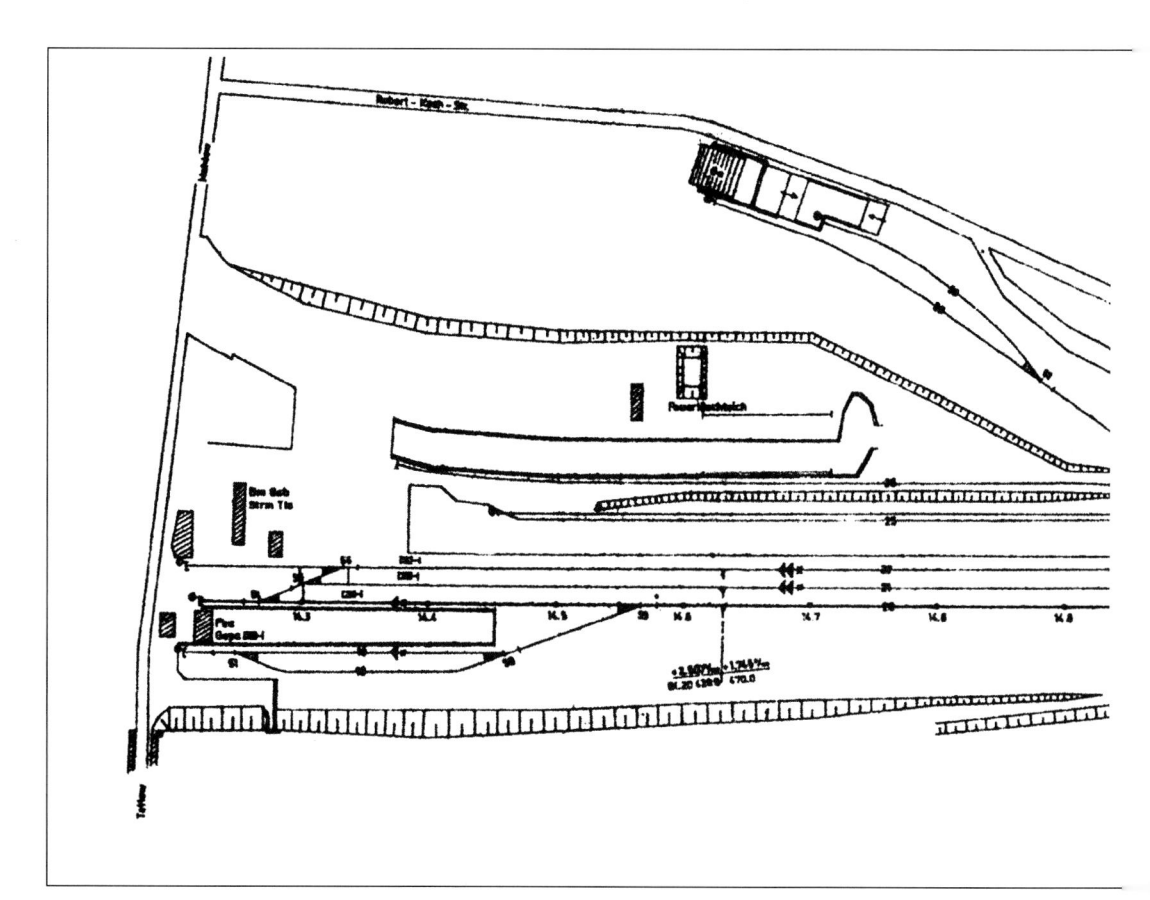

Das frühere Stellwerk Tlo, das direkt an der Mahlower Straße stand und mit der Hochlegung der Anhalter Bahn in den vierziger Jahren des vergangenen Jahrhunderts außer Betrieb ging, wurde ebenfalls beseitigt. Die unteren Räumlichkeiten des Gebäudes beherbergten bis etwa 1995 die Fahrkartenausgabe des Bahnhofs Teltow, nachdem die alte hölzerne Bahnsteighalle auf dem Vorortbahnsteig abgerissen wurde.

1997 demontierte man die elektrischen Fahrleitungsanlagen. Die Fahrleitung endet heute, von Teltow aus gesehen, kurz vor der Einfahrweiche des Bahnhofs Großbeeren.

Zum Fahrplanwechsel am 24. Mai 1998 schloß man den Vorortbahnsteig und stellte den Schienen-Nahverkehr auf der Regionalbahn-Linie 32 vorerst ein. Als Ersatz wurde ein stündlich verkehrender Ersatzverkehr mit Bussen von Lichterfelde Ost über Teltow und Großbeeren nach Ludwigsfelde eingerichtet.

Schließlich beseitigte man noch die nördliche Anbindung von Gleis 21, womit Teltow heute nur noch einen Bahnhof mit einer einfachen Umfahrung über Gleis 20 und 22, sowie einigen Stumpfgleisen darstellt. Die Gleise 18 und 19 sind

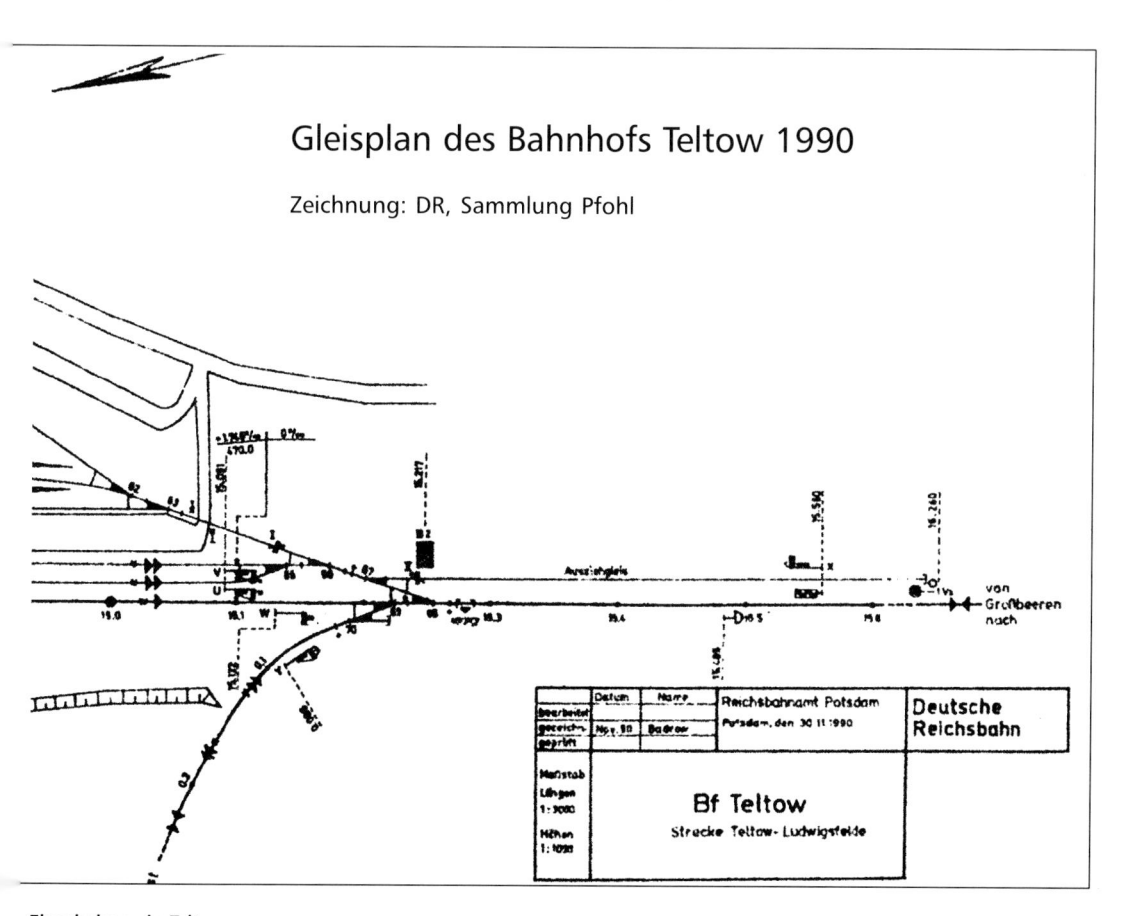

Wann erfolgt die „Teilinbetriebnahme" zwischen Teltow und Lichterfelde Süd? Foto: Schmidt

Gleisplan des Bahnhofs Teltow 1990

Zeichnung: DR, Sammlung Pfohl

*Im Zuge des Neubaus des Regionalbahnhofs wurde auch der Bahndamm erneuert und verbreitert sowie der Tunnel vom Vorplatz zum Vorortbahnsteig beseitigt.
Foto: Sieber, Heimatverein Stadt Teltow 1990 e.V.*

durch die Verbreiterung des Bahndamms, genau so wie der halbe ehemalige Vorortbahnsteig, unter den Geländemassen verschwunden.

Es bleibt abzuwarten, wann die Anlagen des neuen Regionalbahnhofs in Betrieb gehen, um damit den nun schon Jahre andauernden Schienenersatzverkehr auf der Regionalbahnlinie 32 zu beenden.

Weit – wenn auch mit Terminverzug – sind die Planungen für den künftigen S-Bahnhof Teltow Stadt fortgeschritten. Im Jahr 2003 soll Baubeginn für die elektrische S-Bahn von Lichterfelde Süd nach Teltow Stadt sein. Diese Planungen führen – wie schon angesprochen – bis in die dreißiger Jahre des vergangenen Jahrhunderts zurück, als schon einmal ein S-Bahnanschluß nach Teltow Stadt und weiter nach Stahnsdorf an die Friedhofsbahn vor seiner Ausführung stand. Damals kam man jedoch nicht über ein paar Erdarbeiten hinaus. Das soll jetzt anders werden. Die Planungen berücksichtigen auch eine möglicherweise spätere (eingleisige) Verlängerung bis nach Stahnsdorf.

Teltow braucht einen gut funktionierenden öffentlichen Nahverkehr auch – oder gerade – in Richtung Berlin als Alternative zum oft chaotisch anmutenden Straßenverkehr. Die ständig wachsenden Einwohnerzahlen, durch den Bau neuer Siedlungen begründet, bringen eine enorme Fahrgasterwartung für die S-Bahn, die schon 1995 auf 10 100 Personen täglich geschätzt wurde. Optimale Umsteigemöglichkeiten sollen den S-Bahnhof auszeichnen, nicht weniger als sieben Buslinien werden ihn tangieren. Pkw-Stellplätze und eine Bike & Ride-Anlage sollen die Über-

*Das Überwerfungsbauwerk der Anhalter Bahn bei Siegridshorst im Zustand kurz vor dem Abriß im Mai 2000. Von der Teltower Eisenbahn und der Deutschen Reichsbahn wurde nur die linke Durchfahrt genutzt.
Foto: Sieber, Heimatverein Stadt Teltow 1990 e.V.*

*Nordwestansicht des Überwerfungsbauwerkes.
Foto: Sieber, Heimatverein Stadt Teltow 1990 e.V.*

gangsmöglichkeiten ergänzen. Der S-Bahnhof soll südlich der Mahlower Straße/Ecke L.-Herrmann-Straße entstehen und neben einem Hotel auch Platz für Büros, Läden und ein Freizeitcenter bieten. Es bleibt zu hoffen, daß diese Planungen bald Realität werden und daß man in wenigen Jahren von Lichterfelde Süd die rot-gelbe S-Bahn nach Teltow rollen sieht.

Große Hoffnungen weckte auch das am 9. September 1998 vom damaligen Bundesverkehrsminister Wissmann feierlich eröffnete Güterverkehrszentrum (GVZ) Großbeeren. Mit einem Kostenaufwand von 39 Millionen DM vom Bund, der Bahn und der Europäischen Union, wurde in Großbeeren ein Terminal für den kombinierten Verkehr geschaffen, der in der Umgebung seinesgleichen sucht. Grundgedanke war, daß die Eisenbahn den Transport über weite Entfernungen übernimmt und die Lkw der Speditionen die Zustellung im Nahbereich ausführen. Dafür wurden in Großbeeren vier Gleise mit einer Nutzlänge von je 350 Meter sowie je einer zweigleisigen Ein- und Ausfahrgruppe gebaut. Hinzu kamen ein neues Dispositionsgebäude und ein Hochleistungsportalkran mit einer Kapazität von bis zu 30 Ladeeinheiten pro Stunde und einer Tragfähigkeit von bis zu 41 Tonnen.

Die Realität ging jedoch am vorprognostizierten Frachtaufkommen vorbei. Seit dem Fahrplanwechsel Ende Mai 1999 wurde kein einziger Container in Großbeeren umgeschlagen, so daß DB Cargo sogar erwog, bei weiterhin ausbleibendem Interesse Großbeeren zum Fahrplanwechsel im September 1999 aus dem Angebot zu streichen. Die Kosten für das in zwei Schichten vorzuhaltende Personal, sowie für Wagen und Lokomotiven summierten sich täglich auf gut 10 000 DM. Es wuchs im wahrsten Sinne des Wortes Gras über die Sache. Im Mai 2000 setzte kurz eine Trendwende ein: mit einem Zug täglich von montags bis freitags begann kurzzeitig das Umschlaggeschäft anzulaufen.

Neben der Teltomat Maschinen GmbH zeigte auch die in Stahnsdorf auf dem Gelände des ehemaligen BMK Ost ansässige Firma Hochtief, bei Gesprächen ein Interesse an einem Transport von Baustoffen über die Schiene. Dazu wäre aber eine Komplettsanierung des Gleises vom derzeitigen Endpunkt der Strecke bis zu Hochtief dringend notwendig, die auch ein oder zwei Gleise im Bereich von „Luft oben" für Rangierzwecke beinhalten könnte. Aber das sind zur Zeit nur Spekulationen, ist noch Zukunftsmusik.

Die neugeschaffene Anbindung des Gleises vom neuen Regionalbahnhof Teltow an das Gleis 20 des alten Bahnhofs Teltow im August 1998.
Foto: Pfohl

Der neue Regionalbahnhof Teltow im April 1999.
Foto: Pfohl

Als Ersatz für das abgerissene Überwerfungsbauwerk (Fotos auf Seite 106), das dem Wiederaufbau der Anhalter Bahn weichen mußte, wurde diese Brücke errichtet. Sie verbindet die Ortsteile Sigridshorst und Seehof.
Foto: Pfohl, Januar 2000

Die Blütezeit der Eisenbahn und die der Industriebahn in Teltow speziell, ist vorbei. Abgesehen vom derzeit fehlenden Transportbedarf bei der Eisenbahn, wäre ein Zugehen auf die Wirtschaft wünschenswert, um ihr preiswerte und günstige Alternativvorschläge zum Straßentransport aufzuzeigen und vorzulegen. Das aber muß man wollen! In puncto Infrastruktur ist vieles beseitigt worden, was erst wieder mit einem hohen Kostenaufwand aufgebaut werden müßte.

Wer sich einmal auf Teltows Straßen – und nicht nur dort – den ganz normalen Wahnsinn, der sich Straßenverkehr nennt, anschaut, der fragt sich, warum die Gütertransporte nicht über die Schiene laufen. Anwohner der Iserstraße befürchteten Schäden an ihren Häusern durch die vom Verkehr herrührenden Erschütterungen. Seitdem war die Iserstraße nur noch von der Potsdamer Straße aus bis zur Biomalzfabrik für den Lkw-Verkehr frei. 2001 begann die Sanierung der Iserstraße.

Sicher, wir wollen nicht zu Pferd und Wagen zurück, aber eine vernünftige Verkehrspolitik sollte gemeinsame Sache der Politiker aller Parteien sein. Es darf nicht nur bei den Absichtserklärungen jedes neugewählten Verkehrsministers der Bundesregierung bleiben, mehr Verkehr auf die Schiene bringen zu wollen, es müssen endlich Taten folgen. Sonst droht der Verkehrsinfarkt.

⇧ *Einfahrsignal X des Bahnhofs Teltow.*
Foto: Pfohl, April 1999

⇦ *Auf dem neuen Regionalbahnhof mit Blick in nördlicher Richtung im April 1999. Noch sind die Scheiben intakt, Flächen nicht besprüht und die Bahnsteige frei von Unkraut. Foto: Pfohl*

Gähnende Leere im Mai 1999 auf dem Containerterminal des Güterverkehrszentrums Großbeeren. Foto: Pfohl

Einen Kieszug für die Firma Klösters hat die Großbeerener Rangierlok 345 028 nach Teltow gebracht und stellt ihn auf Gleis 25 zur Entladung bereit. Foto: Pfohl, August 2000

Ansicht des Bahnhofs Teltow von der Mahlower Straße im Mai 2001. Die Laternenreihe oberhalb des Radfahrers kennzeichnet die Lage des ehemaligen Vorortbahnsteiges, der nun zur Hälfte unter den Geländemassen des neuen Bahnhofs liegt. Auch das Bockgleis (verlängertes Gleis 22), das sich bis zur Höhe der Bahnhofsschänke erstreckte, ist abgebaut. Foto: Pfohl

„Güter gehören auf die Bahn!" Am 10. Oktober 1991 stehen Straßenbau-Maschinen von Teltomat zum Versand auf Gleis 25 des Bahnhofs Teltow bereit. Foto: Guther

11. Nachtrag: S-Bahnhof Teltow Stadt

Nachdem für den zu errichtenden S-Bahnhof an der Ruhlsdorfer Straße ein Investor gefunden wurde, kämpft die Stadt Teltow nun mit neuen Problemen.

Sie bemüht sich vehement um den Anschluß an das Berliner Schnellbahn-Netz. Die Deutsche Bahn AG möchte diese Strecke auch unbedingt bauen. Der favorisierte Investor dieses rund acht Millionen Euro teuren Bauprojektes, die „Germaniabogen AG", versetzte die Stadt Teltow zu einem vereinbarten Gesprächstermin am 10. Mai 2001 und ließ wichtige Fristen für Planung, Investitionskonzepte und Gespräche verstreichen. Laut Tagespresse meldete die Germaniabogen AG inzwischen Insolvenz an.

Für die Stecke begann währenddessen das Planfeststellungsverfahren. Unklar dabei ist jedoch, ob die Fahrgäste ein intaktes Bahnhofsensemble oder nur einen überdachten Fahrkartenautomaten vorfinden werden.

Es bleibt zu wünschen, daß sich ein neuer Investor für das Projekt findet und daß auch an dem Entwurf von Architekt Jürgen Becker festgehalten wird.

Die zukünftige Trasse der S-Bahn-Strecke von Lichterfelde Süd nach Teltow. Aufnahme südlich des Siedlerwegs. Foto: Florian Müller

Teltow: Standort des künftigen S-Bahnhofs Teltow Stadt an der Mahlower Straße Ecke L.-Hermann-Straße. Foto: Florian Müller, Oktober 2000

Anhang I:
Betriebsbuch-Auszüge der VAT-Werklokomotiven

Der Bevollmächtigte für Bahnaufsicht in Berlin

BERLIN N 54, den 23. Nov. 1960
Wilhelm-Pieck-Str. 142

Anruf: 58 08 51 – Hausanschluß: 25 318
Sprechstunden: Mittwoch 13–18 Uhr
Freitag von 9–13 Uhr
Deutsche Notenbank Berlin, Konto 3415
Kenn-Nr. 100000 (Eisenbahnverkehrskasse Berlin NW 7)

Unsere Zeichen: BB -III-1
(Bei Antwort bitte obiges Zeichen und Tag angeben)

Ihre Zeichen: Ihre Nachricht vom:

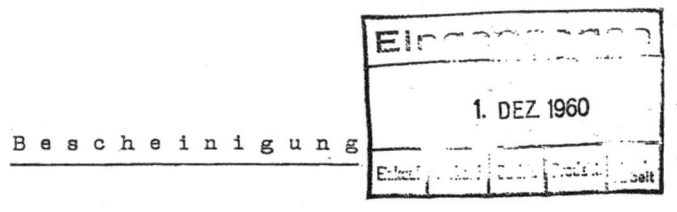

Eingang 1. DEZ 1960

B e s c h e i n i g u n g

Hiermit wird bescheinigt, daß die Dampflok Nr. 1, ehemalige Reichsbahnlok 74 13 53,

    Fabriknummer: 95 01
    Kesselnummer: 8879
    Baujahr   : 1916
    Hersteller : A. Borsig
    Betreiber   : Vereinigte Asphalt- und Teerproduktion-Fabriken Teltow

den Forderungen der BO für das Befahren von Reichsbahngleisen entspricht.

Der betriebliche Einsatz auf Bahnhof Teltow/West ist beim zuständigen Reichsbahnamt Berlin 2/3 Grünau besonders zu beantragen.

(H a h n)
Beauftragter des Bevollmächtigten

Der Bevollmächtigte für Berlin, den 14. Okt. 1963
Bahnaufsicht in Berlin   25 318
BB III-2

Betr.: Untersuchung der Werklok Nr. 1 des VAT Vereinigte
Asphalt- und Teerprodukten-Fabriken Teltow zwecks
Festlegung der nächsten Zwischenuntersuchung

Am 13. 9. 1963 wurde die Werklok Nr. 1, Fabrik-Nummer 8879, Hersteller A. Borsig, Baujahr 1914 einer äußerlichen Besichtigung unterzogen.

Die letzte Hauptuntersuchung wurde am 9. 9. 1960 im RAW Tempelhof durchgeführt.

Die Untersuchung ergab, daß der Kessel und die Lok sich in einem guterhaltenen betriebsfähigen Zustand befinden.

Auf Grund vorhandener Abstelltage wird daher die Frist für die Ausführung der nächsten Zwischenuntersuchung auf den 8. 1. 1964 festgelegt.

(R e i m e)
Kesselprüfer

Der Bevollmächtigte für Bahnaufsicht
  in B e r l i n
BB/III/2   Teltow, den 9. 1. 64

B e s c h e i n i g u n g

Die dem VAT Vereinigte Asphalt-und Teerprodukten-Fabriken, Teltow Oderstraße 40-42 gehörende Dampflokomotive Fabr.Nr. 9501, Bauj.1916 wurde auf Lauffähigkeit untersucht. Sie kann von Teltow/West nach Jüterbog mit einer Höchstgeschwindigkeit von 60 km/h mit eigener Kraft befördert werden.
Die Untersuchungsfrist des Lokomotivkessels war am 8. 1. 1964 abgelaufen. Für die einmalige Überführungsfahrt nach Jüterbog kann der Kessel nochmals in Betrieb genommen werden.

Der Abnehmende

Der Bevollmächtigte für Bahnaufsicht in Berlin

BERLIN N 54, den 26. Nov. 1960
Wilhelm-Pieck-Str. 142

Vereinigte Asphalt- und Teerprodukten-Fabriken Teltow

T e l t o w
Oderstr. 40-42

Anruf: 580851 – Hausanschluß: 25 316
Sprechstunden: Mittwoch 13-16 Uhr
Freitag von 9-13 Uhr
Deutsche Notenbank Berlin, Konto 3415
Kenn-Nr. 100000 (Eisenbahnverkehrskasse Berlin NW 7)

Unsere Zeichen: BB -III-1
(Bei Antwort bitte obiges Zeichen und Tag angeben)

Ihre Zeichen: Ihre Nachricht vom:

1. DEZ 1960

Als Anlage überreiche ich für die Dampflok 1 das Betriebsbuch
mit der Genehmigung zur Indienststellung und die Bescheinigung
der Eignung zum Befahren von Reichsbahngleisen.

Der betriebliche Einsatz ist beim Reichsbahnamt Berlin 2/3 in
Grünau besonders zu beantragen.

(H a h n)

DER BEVOLLMÄCHTIGTE FÜR BAHNAUFSICHT IN BERLIN

Bitte nach Durchsicht an Koll. Kroll 74 1353

Der Bevollmächtigte für Bahnaufsicht in Berlin
1054 Berlin · Wilhelm-Pieck-Str. 142

Vereinigte Asphalt- und Teer-
produktenfabriken

153 T e l t o w
Oderstr. 40–42

Eingegangen 21. FEB. 1966

Ihre Zeichen	Ihre Nachricht vom	Unsere Nachricht vom	Unsere Zeichen	1054 Berlin Wilhelm-Pieck-Str. 142
			BB-3	16. 2. 1966

Betreff: Ihre Werklok

Als Anlage übersende ich Ihnen die Bescheinigung über die durchgeführte Zwischenuntersuchung. Die Bescheinigung wollen Sie bitte in das Betriebsbuch der Lok einheften.

Zur Durchführung der nächsten Hauptuntersuchung der Lok teile ich Ihnen mit, daß auf Grund der Eintragungen im Betriebsbuch, die nächste Hauptuntersuchung am 8.9.1966 fällig ist. Eine Verlängerung der Untersuchungsfrist jedoch besteht noch über 237 Abstelltage, vom 8.9.1966 ab gerechnet. Der äußerste Termin für die Durchführung der Hauptuntersuchung wäre demnach der 2.5.1967. Die sicherlich von Ihnen gewünschte Fristverlängerung wollen Sie bitte bei mir vor dem 8.9.1966 schriftlich beantragen.

(H a h n)
Beauftragter des Bevollmächtigten

1 Anlage

Deutsche Reichsbahn

Bescheinigung

über die

Haupt~~untersuchung~~ *)

Zwischenuntersuchung $\frac{mit}{ohne}$ Wasserdruckprüfung

Wasserdruckprüfung bei umfangreicher Ausbesserung *)

des Kessels Fabriknummer 8879 erbaut von A. Borsig

in Berlin im Jahre 1914

Besitzer: Deutsche Reichsbahn

Heimatort: Vereinigte Asphaltwerke Teltow

Der Kessel war zur Untersuchung fällig   am .... 19......

Er wurde außer Betrieb gestellt   am .... 19......

Er wurde zur Ausbesserung zugeführt   am .... 19......

Er wurde $\frac{vorzeitig}{später}$ untersucht, weil ....

*) Der Kessel wurde innen und außen untersucht.

*) Der Kessel wurde in der Feuerbüchse, in der Rauchkammer und außen an ....

.... untersucht.

Darüber hinaus wurden auf Grund ....

.... folgende Teile zugänglich

gemacht und untersucht: ....

Bei der Untersuchung ergab sich folgendes:

Eine Anzahl Heizrohre erneuern,
" " 30 Stehbolzen auswechseln. In der
Rauchkammer einige Paßbleche erneuern,
Armaturen aufarbeiten, Aschkasten
instand setzen.

*) Nichtzutreffendes streichen

Ausgeführt wurden folgende Arbeiten: 120 Heizrohre neu vorgeschweißt. Rohrwände gerichtet. Beide Schmelzpfropfen erneuert. Armaturen aufgearbeitet bzw. erneuert. Beide Strahlpumpen aufgearbeitet. Regler überholt. Kesselverkleidung erneuert.

Der Kessel wurde am .... 13. 4. 1964 .... 19...... mit einem Wasserdruck von .... 17 .... kp/cm² Überdruck geprüft.

*) Die nächste Haupt-/Zwischen- untersuchung muß bis spätestens am 16. 4. 67 .... 19...... vorgenommen werden, weil

Für die Haupt-*)/Zwischen- untersuchung:

Jüterbog, den 21. 2. 19 64

(Dienststempel) Der Kesselprüfer
Reim

Für die Wasserdruckprüfung:

Jüterbog, den 13. 4. 19 64

(Dienststempel) Der Kesselprüfer
Reim

Die Niete des Fabrikschildes wurden wie nachstehend gestempelt:

Die Speise- und Sicherheitsvorrichtungen wurden geprüft und in Ordnung befunden.
Nummer der Sicherheitsventile links .... rechts ....
Nummer der Plomben .... siehe besondere
Nummer des Kesseldruckmessers .... Vordruck
Höhe der Kontrollhülse .... mm

Jüterbog, den 17. 4. 19 64
(Dienststempel) Der Kesselprüfer
gez. Dittschke

Bei Auswechslung das Sicherheitsventils:
Das angebaute Sicherheitsventil
rechts Nr. .... links Nr. .... wurde geprüft, in Ordnung befunden und plombiert.
Höhe der Kontrollhülse .... mm

RAW/BW .... , den .... 19 ......

(Dienststempel oder Nr. des Sonderbeauftragten) Der Kesselprüfer*)/Sonderbeauftragte

*) Nichtzutreffendes streichen

741353 / 130 TC 5

1	2	3	4	5	6	7
Bahnbetriebswerk		Reichsbahn-Ausbesserungswerk oder Privatwerk		Leistung in km*)		
				seit der letzten Ausbesserung im RAW	seit der letzten Hauptuntersuchung	seit der Anlieferung
	von .... bis	Raw Tempelhof Abtg. L	von 9.11.53 Erst-Inst... bis 9.1.54 L4			
Bahnbetriebswerk Wustermark Ofw	von 18.1.54 bis 17.3.54	Raw Tempelhof Abtg. L	von 15.3.54 Nachuntersuchung bis 31.3.54 L0			
Bahnbetriebswerk ...	von 1.6.54 bis 31.7.55	Deutsche Reichsbahn Bahnbetriebswerk Basdorf	von 1.8.55 bis 12.9.55	.....	15322	
Bahnbetriebswerk Wustermark Ofw	von 13.9.55 bis 6.5.56	Raw Tempelhof Abtg. L	von 8.5.56 Nachuntersuchung bis 22.5.56 L0		21...	
...Wustermark...	von 23.5.56 bis 10.9.56	Raw Tempelhof Abtg. L	von 11.9.56 Zwischenuntersuchung bis 8.10.56 L3	14872	117875	
...Wustermark...	von 14.11.56 bis 6.2.57	Raw Tempelhof Abtg. L	von 7.6.57 Nachuntersuchung bis 1.6.57 L0			
Bahnbetriebswerk Wustermark	von 2.3.57 bis 18.2.58	Raw Tempelhof Lok-Abtlg.	von 20.3.58 Zwischenuntersuchung bis 25.3.58 L2	74 144	181 519	
Bahnbetriebswerk Wustermark	von 26.3.58 bis 23.9.58	Raw Tempelhof Lok-Abtlg.	von 24.9.58 bis 30.9.58 L0	1.1...	265 419	
Bahnbetriebswerk Wustermark Vbf - LU	von 1.10.58 bis 20.7.60	Raw Tempelhof Lok-Abtlg.	von 21.7.60 bis 4.9.60 L4			

*) Die Leistung in Spalte 5, 6 und 7 ist bei jeder Zuführung zum Reichsbahn-Ausbesserungswerk einzutragen. Bei Abgabe der Lokomotive an ein anderes Bahnbetriebswerk ist die Leistung seit dem letzten Ausgang mit Bleistift zu vermerken.

Verschrottet: 19.3.68

74 1277

DER BEVOLLMÄCHTIGTE FÜR BAHNAUFSICHT IN BERLIN

Der Bevollmächtigte für Bahnaufsicht in Berlin
1054 Berlin · Wilhelm-Pieck-Str. 142

Vereinigte Asphalt- und
Teerproduktenfabrik Teltow

153 Teltow b/Berlin

Oderstraße 40-42

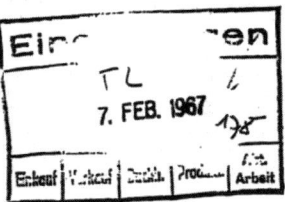

Eing... en
TL
7. FEB. 1967

Ihre Zeichen	Ihre Nachricht vom	Unsere Nachricht vom	Unsere Zeichen	1054 Berlin Wilhelm-Pieck-Str. 142
			BB-3a	30.01.1967

Betreff: **Genehmigung zur Indienststellung Ihrer Dampflokomotive.**

Als Anlage übersende ich Ihnen das Betriebsbuch Ihrer Dampflokomotive Betriebsnummer 74 12 77.

Die Genehmigungsurkunde für die Indienststellung befindet sich in dem Betriebsbuch dieser Lokomotive.

Die Zulassung Ihrer Dampflokomotive zum Befahren der Bahnhofsgleise des Bahnhofes Teltow wird vom Reichsbahnamt Berlin 2 vorgenommen. Von dort erhalten Sie die Zulassungsurkunde.

Zu Ihrer Information lege ich diesem Schreiben eine Abschrift der Untersuchungsbescheinigung, die dem Reichsbahnamt Berlin 2 für die Zulassung als Unterlage dient, bei.

Anlage 2

(H a h n)
Beauftragter des Bevollmächtigten

25 318

Fernsprecher: 580651 - Apparat: ....
Bankkonten: Hauptkasse der Reichsbahndirektion Berlin · Deutsche Notenbank Berlin, Kto.-Nr. 34 13 Kenn-Nr. 100 000
Berliner Stadtkontor, Kto.-Nr. 1/9003, Kenn-Nr. 600 000 · Postscheckamt Berlin, Kto.-Nr. 570
Sprechstunden: Dienstag 9-14 Uhr, Freitag 9-18 Uhr, Invalidenstr. 130/131, Zimmer 104-106

DER BEVOLLMÄCHTIGTE FÜR BAHNAUFSICHT IN BERLIN

Der Bevollmächtigte für Bahnaufsicht in Berlin
1054 Berlin · Wilhelm-Pieck-Str. 142

Wir bitten, in der Antwort
Zeichen und Datum dieses Schreibens anzugeben

Ihre Zeichen	Ihre Nachricht vom	Unsere Nachricht vom	Unsere Zeichen	1054 Berlin Wilhelm-Pieck-Str. 142
			BB-3a	30.01.1967

Betreff

B e s c h e i n i g u n g

über die Eignung der Anschlußbahnlokomotive, Fabrik-Nr. 11 047 der Vereinigten Asphalt- und Teerproduktenfabrik Teltow zum Befahren der Bahnhofsgleise des Bahnhofes Teltow.

Am 20.01.1967 wurde die der Vereinigten Asphalt- und Teerproduktenfabrik gehörende Dampflokomotive

Betriebsnummer	74 12 77	Achslast	67,2 Mp
Fabrik-Nr.	11 047	Baujahr	1921
Gattung	PZ 34.17	Höchstgeschwindigkeit	80 km/h
Achsstand	6 350 mm	Bremsart	Luftdruck u. Handbremse
Achszahl	4	Hersteller	A. Borsig Berlin/Tegel

für die Eignung zum Befahren der Bahnhofsgleise des Bahnhofes Teltow untersucht.

Hierbei wurde festgestellt, daß die Lokomotive in ihren Abmessungen, mit ihren Einrichtungen und dem Unterhaltungszustand den Bestimmungen der Bau- und Betriebsordnung (BO) entspricht.

Die Lokomotive kann für das Befahren der Gleise des Bahnhofes Teltow der Deutschen Reichsbahn zugelassen werden.

(H a h n)
Beauftragter des Bevollmächtigten

Fernsprecher: 58 00 31 - Apparat: 25 31 8
Bankkonten: Hauptkasse der Reichsbahndirektion Berlin · Deutsche Notenbank Berlin, Kto.-Nr. 34 13 Kenn-Nr. 100 000
Berliner Stadtkontor, Kto.-Nr. 1/6002, Kenn-Nr. 600 000 · Postscheckamt Berlin, Kto.-Nr. 570
Sprechstunden: Dienstag 9-14 Uhr, Freitag 9-18 Uhr, Invalidenstr. 130/131, Zimmer 104-106

DEUTSCHE REICHSBAHN
Reichsbahnamt Berlin 2

Vereinigte Asphalt- und
Teerprodukten-Fabriken Teltow
153   T e l t o w
Oderstraße 40/42

Hausanschluß: 313

Es wird gebeten, in der Antwort Tag und
Zeichen dieses Schreibens anzugeben.

Ihre Zeichen   Ihre Nachricht vom   Unsere Zeichen   Tag
Bt-4   10. 4. 1967

Zulassungsurkunde !

1. Am 20. 01. 1967 wurde die Dampflokomotive
   Betriebsnummer 74 12 77,
   Fabrik-Nr. 11047,
   Baujahr 1921,
   Hersteller A. Borsig Berlin-Tegel,

   für die Eignung zum Befahren der Gleisanlagen des
   Bf Teltow West durch die Staatliche Bahnaufsicht
   in Berlin untersucht und festgestellt, daß sie in
   ihren Abmessungen, mit ihren Einrichtungen und
   dem Unterhaltungszustand den Bestimmungen der

   Eisenbahn-Bau- und Betriebsordnung

   entspricht.

2. Das Reichsbahnamt Berlin 2 gestattet das Befahren
   der Gleisanlagen des Bf Teltow West durch die o.g.
   Anschlußbahnlokomotive.
   Die Rangierfahrten Anschlußbahn - Bf Teltow West -
   Anschlußbahn sind gemäß den Bestimmungen der
   "Anweisung bei Benutzung des Gleises 2 des Bf
   Teltow West durch die Werklok der Fa. VAT Teltow"
   vom 22. 01. 1961 durchzuführen.

(Hildebrandt)
Reichsbahn - Oberamtmann
Betriebsleiter

Anschrift: Reichsbahnamt Berlin 2, 1502 Potsdam-Babelsberg, August-Bebel-Straße 88
Anruf: Von Berlin über Schnellamt 09, Potsdam 4271

Anhang II
Darstellung des durchschnittlichen Wagenaufkommens der Anschließer im Zeitraum 1974 bis 1980 und der Perspektive bis 1990

Aus: Betriebstechnologische Dokumentation zur Technologie der Anschlußbedienung im Bereich Teltow West, 1981. Sammlung Ziggel

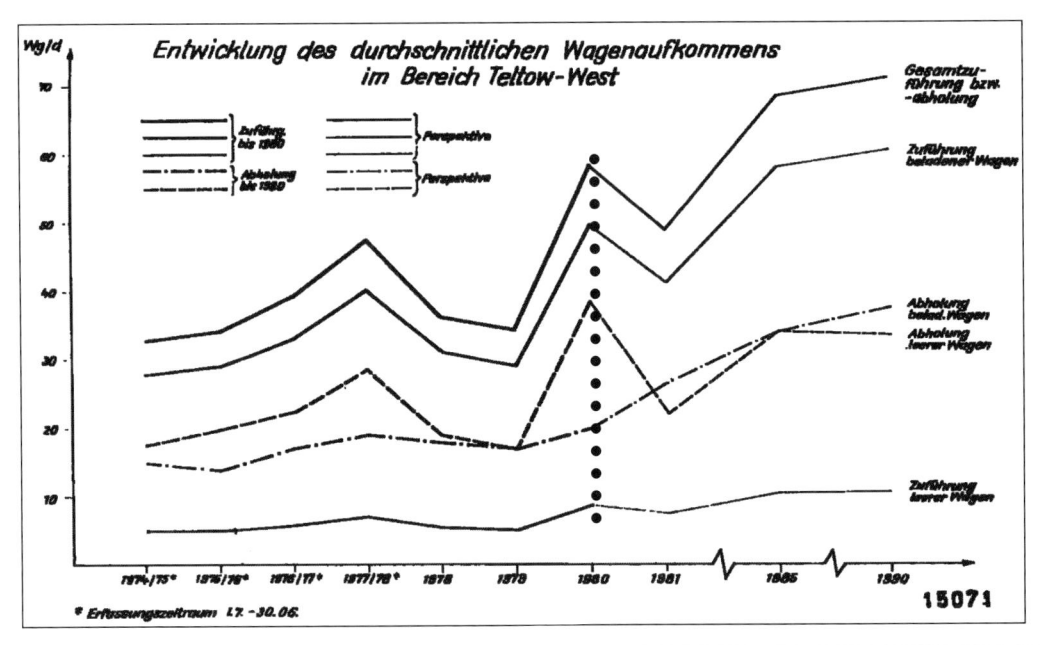

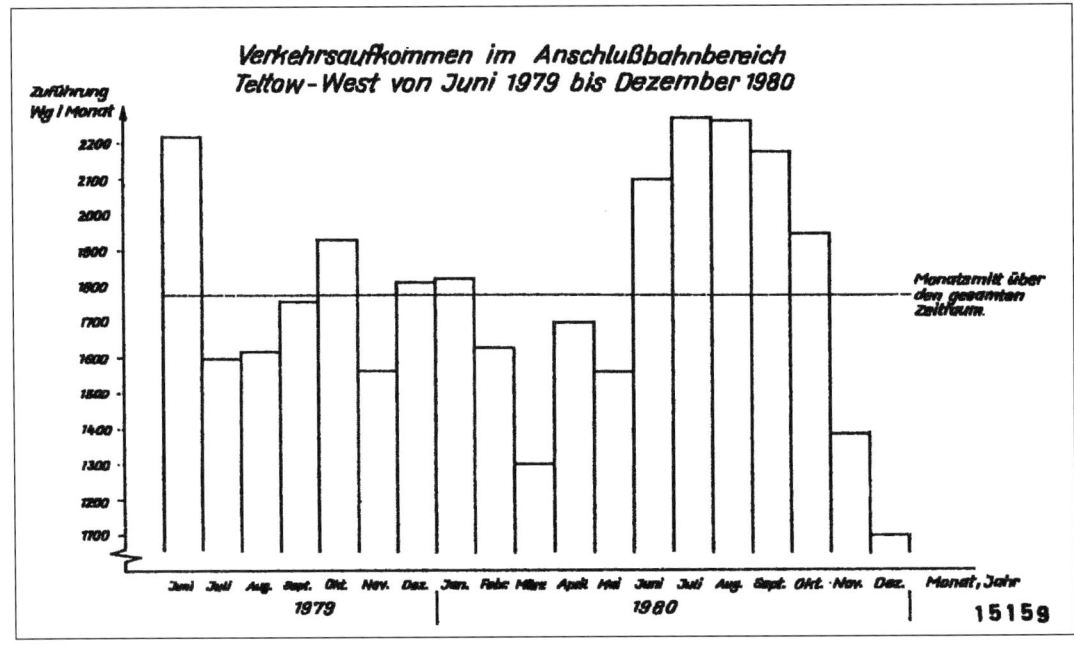

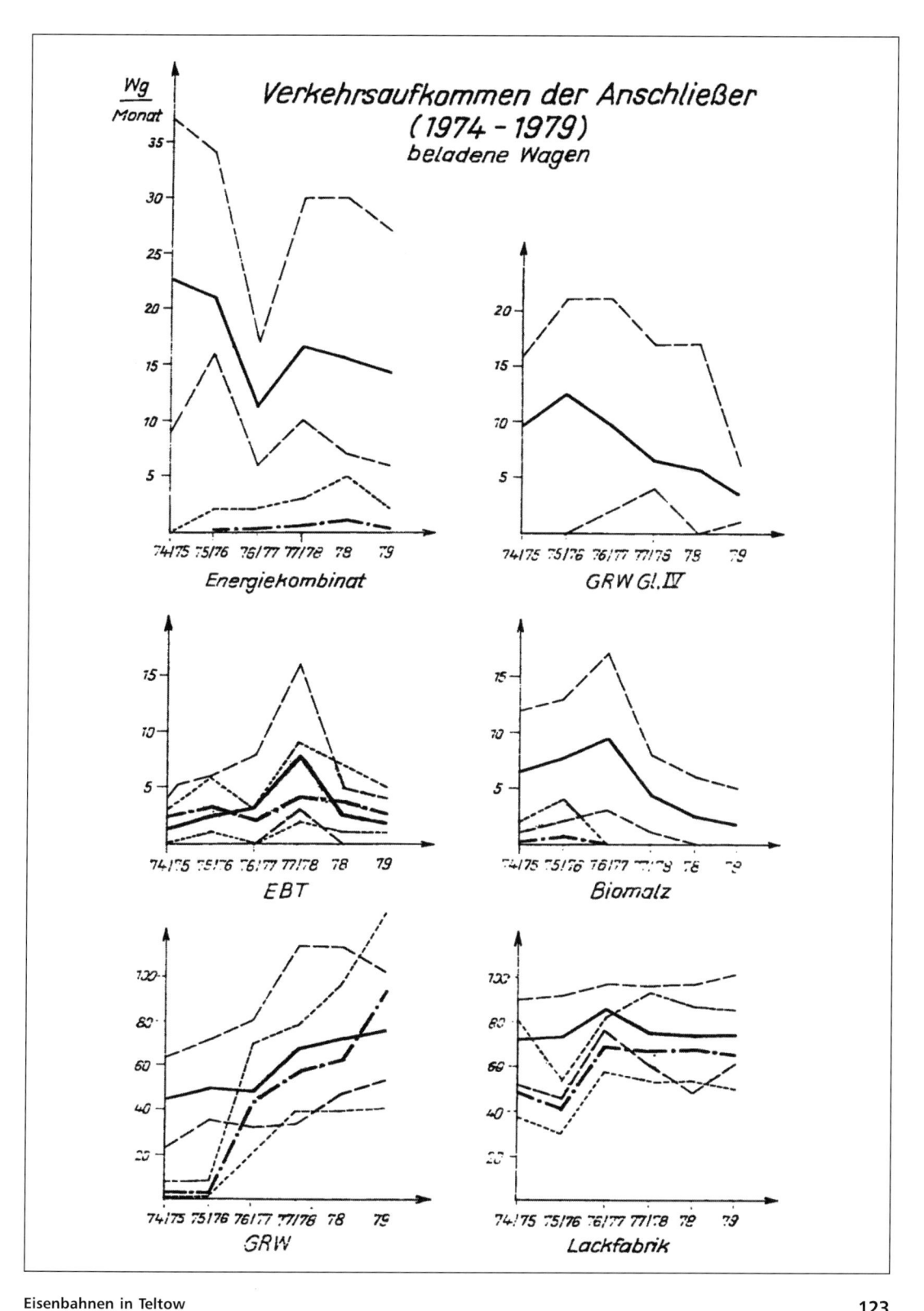

Verkehrsaufkommen der Anschließer
(1974 – 1979)
beladene Wagen

Energiekombinat

GRW Gl. IV

EBT

Biomalz

GRW

Lackfabrik

NVA

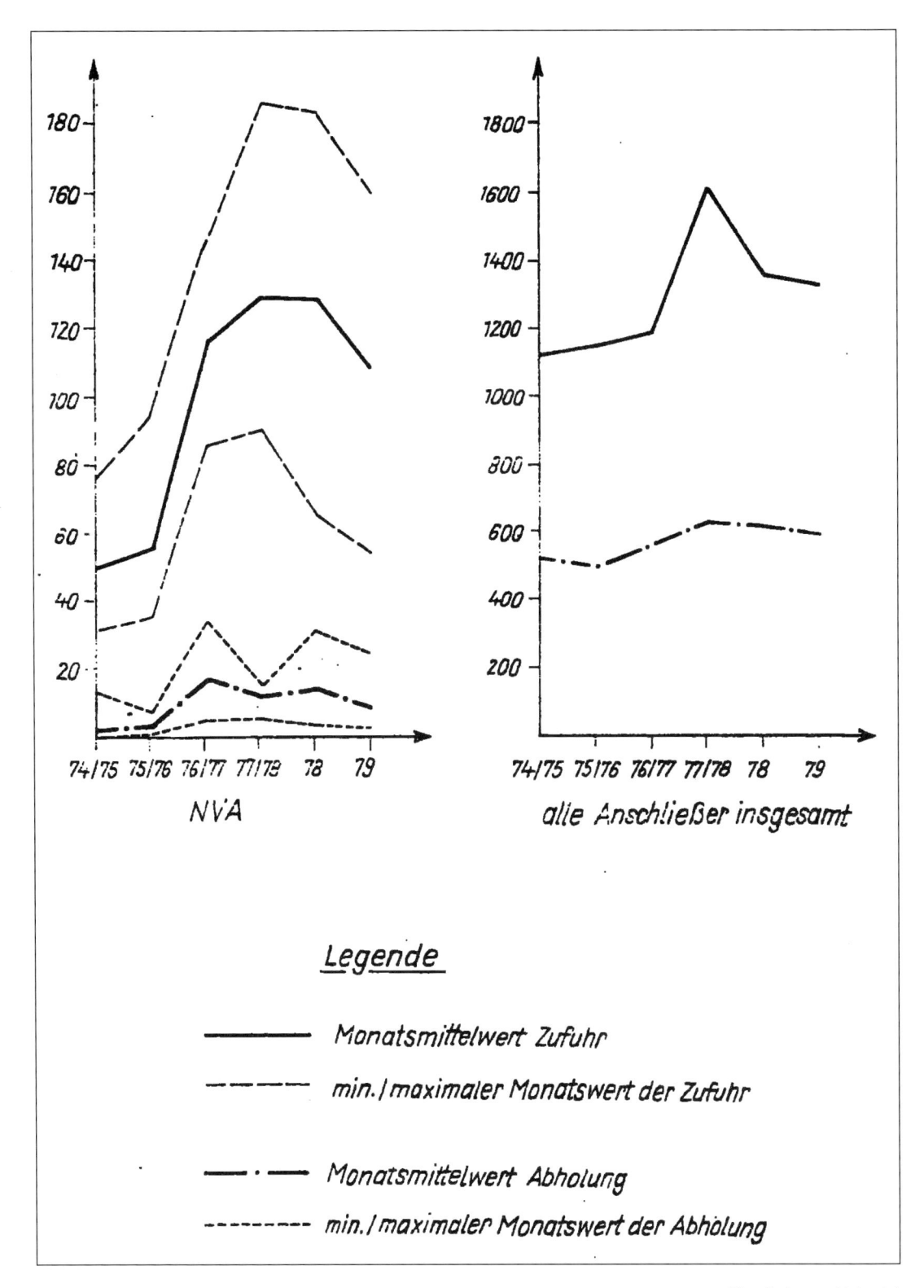

alle Anschließer insgesamt

Legende

— Monatsmittelwert Zufuhr

––––– min./maximaler Monatswert der Zufuhr

—·— Monatsmittelwert Abholung

------- min./maximaler Monatswert der Abholung

Literaturhinweise

- Bley, Peter: 150 Jahre Berlin-Anhaltische Eisenbahn
  Alba-Publikationen, Düsseldorf 1990
- Münzner, Rolf und Piech, Gisela: Beiträge zur Industriegeschichte der Stadt Teltow
  GWR Teltow e.V., Gesellschaft für Weiterbildung und regionale Zusammenarbeit, Teltow 1995
- Berliner Fahrgastverband IGEB e.V.: S-Bahn nach Teltow
  Gesellschaft für Verkehrspolitik und Eisenbahnwesen (GVE) e.V., Berlin 1995
- Kuhlmann, Bernd: Eisenbahn-Größenwahn in Berlin. Die Planungen von 1933 – 1945 und deren Realisierung
  Verlag GVE, Berlin 1996
- Kieser, Richard: Zur Entwicklung der Anhalter Eisenbahn mit besonderer Berücksichtigung des Kreisgebietes
  in: Teltower Kreiskalender 1934, Verlag Robert Rohde Nachfolger, Berlin 1933
- Wand, Lothar (†) und Birk, Gerhard: Zu Tode geschunden
  SED-Kreisleitung Zossen und Kreiskomitee Zossen der Antifaschistischen Widerstandskämpfer der DDR, 1987
- Duwe, Harald: Die Lahme Ente
  in: Verkehrsgeschichtliche Blätter, Berlin, 14. Jahrgang (1987), Heft 5, Seite 117
- Landsberg: 25 Jahre Teltowkanal
  in: Teltower Kreiskalender 1931, Verlag Robert Rohde Nachfolger, Berlin
- Direktor der Stadtentwässerung: Das Abwasser-Grossklärwerk Berlin-Stahnsdorf
  Berlin 1931
- Akten aus dem Stadtarchiv Teltow aus verschiedenen Jahren
- Potsdamer Neueste Nachrichten vom 1. Juni 1999
- Berliner Zeitung vom 2. August 1999
- afg Arbeitsförderungsgesellschaft Teltow e.V.: Im Sog der Zeit – eine Chronik der Geräte- und Reglerwerke Teltow
  Teltow, Eigenverlag
- Deutsche Reichsbahn, Rbd Berlin: Buchfahrplan Heft 101-23,
  Jahresfahrplan 1987/88, gültig vom 31.Mai 1987 bis 28.Mai 1988,
  Berlin 1987 (Güterzüge)
- Deutsche Reichsbahn, Rbd Berlin, Buchfahrplan Heft 102-12,
  Jahresfahrplan 1989/90, gültig vom 28.Mai 1989 bis 26.Mai 1990,
  Berlin 1989 (Personenzüge)

- Kuhlmann, Bernd und Kulecki, Georg: Aus den Anfängen des Rbf Bln-Wuhlheide
  in: Verkehrsgeschichtliche Blätter, Berlin 9. Jahrgang (1982), Heft 4, Seite 86
- Berliner Verkehrsblätter, Kurzmeldungen in Heft 11/1978, Seite 217, Berlin 1978
- Berliner S-Bahn-Museum (Herausgeber): 75 Jahre Berliner S-Bahn.
  Vorsicht Hochspannung! Strom für „zügigen" Großstadtverkehr
  S-Bahn Signal-Sonderausgabe, Berlin 1999, Verlag GVE
- Preuß, Erich: Archiv deutscher Klein- und Privatbahnen,
  Brandenburg/Mecklenburg-Vorpommern
  Berlin, Transpress-Verlag,1994
- Bley, Neddermeyer, Stürzebecher: Die Teltower Eisenbahn
  in: Berliner Verkehrsblätter, Heft 12/1984, Berlin, 1984
- Kursbücher, Taschenfahrpläne aus verschiedenen Jahren
- Wulfert, Gustav: Der neue Oberbau der Deutschen Reichsbahn
  und der Oberbau der Gruppe Preußen
  Essen-Ruhr, Kommissions-Verlag G. D. Baedeker GmbH, 1935
- Hannemann, Adolf: Der Kreis Teltow, Teltow 1931
- Lauscher, Stefan: Die Diesellokomotiven der Wehrmacht.
  Die Geschichte der Baureihen V 20, V 36 und V 188
  Eisenbahnkurier-Verlag, Freiburg, 1999
- Gesellschaftsvertrag der Teltower Eisenbahn AG, Nachtrag vom 22. Mai 1928
- Landesarchiv Berlin, Akte A Rep. 080 Band 2 Aka-Tlo 1und 2
- Landesarchiv Berlin, Akte A Rep. 080 Band 2 Aka-Tlo 1und 2
- Landesarchiv Berlin, Akte A Rep. 080 Band 2 SU 17346
- Landesarchiv Berlin, Akte A Rep. 080 Band 2 SU 17347
- Landesarchiv Berlin, Akte A Rep.080 Bd.3 ME 22223 Hga1
- Landesarchiv Berlin, Akte A Rep.080 Bd.3 ME 18572 Tlo
- Protokoll über die Arbeitsbesprechung der Bahnmeisterei Großbeeren mit den
  Streckenmeistern vom 11. und 18.November 1960,
  Akten der Bahnmeisterei Großbeeren
- Landesarchiv Berlin, Akte A Rep. 080 Band 2 SU 17348 Akb-Tlo

Bücher zur Verkehrsgeschichte
aus dem GVE-Verlag

Bernd Kuhlmann:
Bahnknoten Berlin. Die Entwicklung des Berliner Eisenbahnnetzes seit 1838
136 Seiten, ca. 160 s/w-Abb., Format A4, kartoniert, Verlag GVE, Berlin 2000, € **10,12**

DBV Regionalverband Potsdam-Mittelmark e.V.:
125 Jahre Bahnhof am Griebnitzsee
50 Seiten, 68 s/w-Abb., Format A4, geheftet, Verlag GVE, Berlin 1999, € **5,80**

DBV Regionalverband Potsdam-Mittelmark e.V.:
Potsdams Hauptbahnhöfe
112 Seiten, über 120 s/w-Abb., Format B5, kartoniert, Verlag GVE, Berlin 2001, € **8,80**

Berliner S-Bahn-Museum (Hrsg.):
S-Bw Wannsee – Betriebswerkstatt im Grünen
160 Seiten, ca. 180 s/w-Abb., Format B5, kartoniert, Verlag GVE, Berlin 2000, € **10,12**

Berliner S-Bahn-Museum und Bürgerinitiative StammBahn:
Die Stammbahn. Aufbau – Teilung – Zukunft
112 Seiten, 101 s/w-Abb., Format B5, kartoniert, Verlag GVE, Berlin 2001, € **8,80**

Berliner S-Bahn-Museum:
Die Stadtbahn. Ein Viadukt mitten durch Berlin
144 Seiten, ca. 180 s/w-Abb., Format B5, kartoniert, Verlag GVE, Berlin 1996, € **8,80**

Berliner S-Bahn-Museum (Hrsg.):
Nord-Süd-Bahn. Vom Geistertunnel zur City-S-Bahn/
Die Flutung des Berliner S-Bahn-Tunnels in den letzten Kriegstagen
120 Seiten, ca. 100 s/w-Abb., Format B5, kartoniert,
Verlag GVE, Berlin 1999, zusammengefaßte und erweiterte Neuauflage, € **8,80**

Bernd Kuhlmann:
Züge durch Mauer und Stacheldraht
144 Seiten, 160 s/w-Abb., Format B5, kartoniert, Verlag GVE, Berlin, 1998, € **8,80**

Bernd Kuhlmann:
Brisante Zugfahrten auf Schienen der DR.
Geheime Technik, gefährliche Frachten, »Rote Prominenz«
144 Seiten, ca. 120 s/w-Abb., Format A5, kartoniert, Verlag GVE, Berlin 1999, € **9,80**

Bernd Kuhlmann:
Eisenbahn-Größenwahn in Berlin.
Die Planungen von 1933 bis 1945 und deren Realisierung
104 Seiten, ca. 75 s/w-Abb., Format B5, kartoniert, Verlag GVE, Berlin 1996, € **7,80**

Bernd Kuhlmann:
Peenemünde. Das Raketenzentrum und seine Werkbahn
144 Seiten, ca. 150 s/w-Abb., Format A5, kartoniert, Verlag GVE, Berlin 1997, € **9,80**

Eisenbahnverkehr auf der Niederlausitzer Eisenbahn (NLE)

Die Deutsche Regionaleisenbahn (DRE) ist das verbandseigene Eisenbahnunternehmen des Deutschen Bahnkunden-Verbandes.
Sie führt den Verkehr auf der Strecke Beeskow – Lübben – Luckau – Herzberg durch.

Deutsche Regionaleisenbahn GmbH, Mittelstraße 20, 12529 Schönefeld
Telefon 0 30 / 63 49 70 76. E-Mail: deutsche.regionaleisenbahn@t-online.de

Arbeitsgemeinschaft Märkische Kleinbahn

Wer sind wir ?
Wir sind eine Gemeinschaft von Eisenbahnfreunden und Freizeit-Eisenbahnern.

Was machen wir ?
Wir beschäftigen uns in unserer Freizeit (ehrenamtlich) mit der Erhaltung historisch interessanter Eisenbahnfahrzeuge und anderer Gegenstände aus verschiedenen Bereichen der Eisenbahntechnik.

Kann ich helfen ?
Für einen Jahresbeitrag von mind. 36 DM kann man sich unserem Freundeskreis anschließen (passive Mitgliedschaft).
Wer Lust und Zeit dazu hat, bei uns mitzuarbeiten, kann Mitglied werden.

Betriebswerkstatt: Berlin-Lichterfelde, Goerzallee 313. Postanschrift: Raduhner Straße 31, 12355 Berlin-Rudow.
E-mail: info@mkb-berlin.de
Internet: http://mkb-berlin.de